나는 내가 고장 난 줄 알았다

IT ALL MAKES SENSE NOW

Copyright © 2024 by Meredith Carder
Originally published in 2024 by Hay House LLC

Korean translation rights arranged with Hay House LLC. through ALICE Agency, Seoul.
Korean translation copyright © 2025 by SUO BOOKS

이 책의 한국어판 저작권은 앨리스에이전시를 통한 저작권사와의 독점 계약으로 수오서재에 있습니다. 저작권법에 의해 한국 내에서 보호를 받는 저작물이므로 무단전재와 복제를 금합니다.

나는 내가 고장 난 줄 알았다

ADHD인이 ADHD인을 위해 쓴 책

It All Makes Sense Now

메러디스 카더
이진 옮김

수오서재

차례

책을 시작하며 비로소 모든 것이 이해되었다 • 7

1 주의력 조절 장애 • 15
2 과잉행동 • 29
3 충동성 • 43
4 작업기억 • 55
5 시간의 인지와 관리의 문제 • 67
6 과잉 자극 • 83
7 과소 자극 • 95
8 동기 저하 • 107
9 감정조절장애 • 121
10 반추 • 133
11 불면증 • 143
12 모 아니면 도 • 157
13 음식과 영양 섭취의 문제 • 169
14 재정관리의 문제 • 181
15 거절 민감성 불쾌감 • 191
16 비위 맞추기 • 203
17 독이 되는 완벽주의 • 215
18 가면 쓰기 • 229
19 압도감 • 243
20 ADHD 번아웃 • 261
21 목표 폐기 • 277

책을 마치며 당신의 이야기를 다시 써보길 • 293
옮긴이의 글 반짝이는 너에게 • 295
주 • 300

책을 시작하며

비로소 모든 것이 이해되었다

ADHD에 대해 안다고 생각했지만, 내가 ADHD라고 생각해본 적은 없다. 삼십 대 엄마로서의 나의 삶은 내 머릿속에 떠오르는 ADHD 이미지와는 달랐다. 나는 수업 시간에 좀처럼 가만히 앉아 있지 못하는 남자애를 떠올리고 있었다. 나 역시 단체 생활을 힘들어했고 동기 저하, 책임감 문제로 어려움을 겪고 있었지만 단지 내 성격적 결함으로만 생각했고 어느덧 나는 그런 것들을 감추는 데 능숙해졌다.

실제로 나는 아무 문제가 없는 사람인 척하며 많은 이들을 감쪽같이 속였다. 나의 결점이 탄로나는 것이야말로 내가 가장 두려워하는 일이었다. 그러던 어느 날 아이의 신경심리검사 질문지를 작성하게 되었다. 아이의 집중력, 과잉활동, 충동성, 의욕에 관한 다양한 질문에 답하면서 나의 대답이 아이의 대답과 똑같다는 걸 알았다. 호기심이 생겼고, 처음으로 '혹시 나도 ADHD인가?' 하는 생각이 들었다.

그 순간 불이 켜졌다고 말할 수도 있겠지만 그것은 지나치게 단순한 설명이다. 나는 마치 일부러 조명을 어둠침침하게 만들어놓은 신비로운 저택에 살고 있었던 것 같은 기분이었다. ADHD에 관한 새로운 글을 읽을 때마다 존재하는지조차 몰랐던 방에 누군가가 뛰어 들어와 불을 환하게 켜는 것 같았다. 방마다 불이 켜졌고 처음으로 나의 삶이 이해되기 시작했다. 환한 불빛 때문에 먼지와 거미줄을 외면하기는 더 어려워졌지만 한편으로는 너무 어두워서 그동안 보지 못했던 건물의 희귀한 아름다움도 드러났다. 나에게 ADHD가 있음을 깨닫고 나는 비로소 이 불완전하고도 독특한 나의 집을 받아들이고 포용할 수 있었다.

최초의 깨달음 이후 나는 닥치는 대로 정보를 흡수했다. 블로그의 포스팅들, 기사들, 그리고 이 주제를 다룬 책들을 읽었다. 그러나 여전히 뭔가 빠진 것 같았다. 내가 읽은 자료는 대체로 임상자료이거나 아동에게 초점이 맞춰져 있었다. 더구나 어떤 신경전형인neurotypical●은 ADHD를 가진 사람을 척결이 필요한 사회악이나 골칫거리로 보고 있다는 느낌마저 강하게 들었다. 나는 ADHD를 가진 사람들이 느끼는 진짜 어려움을 무시하거나 무효화하는 대신, 자신의 진단명을 받아들임으로써 진정성 있고 균형 잡힌 삶을 살 수 있다는 희망을 주는 책을 갈망했다.

마침내 그런 희망을 찾았지만, 기사에서 찾은 것도 서점의 자기계발 코너에서 찾은 것도 아니었다. ADHD 코칭 자격증 과정을 이수하면서 그곳에 온 사람들과 나눈 대화 속에서 찾았다. 몇몇 친구에게 나의 진단명을 알리던 순간 나는 눈물을 흘렸다. 그들 중 몇 명은 자신의 이야기를 들려주어서 나를 놀라게 했다. 인스타그램을 통해 ADHD에 관한 정보를 공유하기 시작하면서 나의 희망은 더욱 커졌다. 사람들의 비난과 공격에 대한 두려움은 너무도 순식간에 깊은 감사로 바뀌었다.

나는 전 세계 다양한 연령대의 ADHD인들과 많은 대화를 나누는 영광을 누렸다. 성인 ADHD인들을 위한 온라인 커뮤니티에서 날마다 코칭을 하며 우리가 지닌 회복력, 창의성, 그리고 연민을 확인할 수 있었다. 그 경험을 통해 나는 놀라운 사실들, 전략들, 기술들을 수집할 수 있었다. 그들이 보여준 ADHD 두뇌의 장점과 이점은 결코 만만치 않았다. 무엇보다도 중요한 것은 그들을 통해 내가 혼자가 아님을 알게 된 것이었다.

- 자폐나 ADHD처럼 뇌신경의 차이로 인해 발생하는 다름을 생물학적 다양성으로 인식하는 신경다양성neurodivergent의 관점에서 보았을 때, 신경질환이 없는 사람을 칭하는 말.

때로 사람들은 내게 묻는다. 만약 선택할 수 있다면 ADHD 없이 사는 쪽을 선택하겠냐고. 압도감이나 분석 마비에 시달리며 하루를 보낸 뒤 그런 질문을 받는다면, ADHD 없이 사는 쪽을 선택하고 싶은 유혹을 강하게 느낄 것이다. ADHD는 분명 커다란 시련이고, 온갖 지식을 갖고 있는 지금도 나는 여전히 힘들다. 그러나 그토록 힘겨운 날들을 보냈음에도, 나에겐 나의 뇌를 바꿀 수 없는 꼭 한 가지 이유가 있다. 바로 나의 딸이다.

내 딸의 어머니로서 나는 딸이 겪는 시련을 맨 앞줄에서 지켜보는 사람이지만, 그와 동시에 그 이상의 것들을 본다. 나는 딸의 친절과 유머, 강렬한 호기심, 공감, 예사롭지 않은 직관을 본다. 적절한 도구와 환경이 갖춰진다면, 그리고 진정한 자신의 모습으로 살 자유가 주어진다면, 독특하고도 아름답게 성장할 한 아이를 본다. 딸을 있는 그대로의 모습으로 사랑하다 보니 나 자신을 사랑하기도 쉬워졌다. 나는 내 딸이 지금과 다른 사람이 되는 것을 절대 원하지 않고, 아이가 지닌 것 중 어느 한 부분도 사라지길 바라지 않는다.

ADHD 증상이 사라져도 나의 놀라운 장점들이 여전히 내게 남아 있을까? 지칠 줄 모르는 호기심이나 창의적인 문제 해결 능력, 발전하고 싶은 열망 같은, 내가 가장 사랑하는 나의 면면들을 나는 과연 포기할 수 있을까? 물론 어디까지나 가정일 뿐이지만,

절대 포기할 수 없다는 것이 나의 대답이다. 아마도 나는 ADHD의 고통스러운 현실을 받아들이기 위해 끊임없이 노력하면서 남들과 다른 내 안의 몽상가를 포용하는 쪽을 선택할 것이다.

당신의 대답은 다를 수 있다. 그리고 당신의 선택 또한 나의 선택만큼이나 옳다. 당신이 어떤 투쟁을 해왔는지 나는 결코 알지 못한다. 당신이 도움을 받거나 영향력을 행사할 수 있는 여건은 나와 다를 수 있다. ADHD 두뇌를 유지하고 싶은지 버리고 싶은지와 상관없이, 우리가 그런 선택의 기로에 놓일 일은 영원히 없다.

우리의 이야기와 어려움, 강점은 저마다 다르겠지만, 우리가 우리와 다른 두뇌를 위해 설계된 세상을 살아가고 있다는 사실만큼은 똑같다. 우리 중 많은 이들이 남들과 다른 두뇌를 가졌다는 사실조차 인지하지 못한 상태로 삶의 많은 시간을 살았다. 압도감의 안개 속에서 우리가 지닌 장점을 보기 어려웠던 건 당연하다. 우리에게 결함이 있다는 생각 때문에 긴 세월 느껴왔던 수치심이 그 안개를 더욱 짙게 만들었다. 이해의 빛이 우리를 환히 비출 때 우리는 비로소 안개 속을 꿰뚫어볼 수 있다.

마침내 선명하게 보이는 것들이 전부 다 아름답진 않을 것이다. 그중 몇 가지는 받아들이기 힘들 수도 있다. 그러나 선명해진 시야로 새로운 자기 인식과 자기 연민을 품고 떠날 여정이 우리 앞에 펼쳐져 있다. 마침내 우리는 우리의 과거를 이해할 수 있고, 보다 희망적으로 미래를 그려볼 수 있다. 우리의 ADHD 두뇌를 포용하고, 창의적이고도 다채로운 삶을 살아갈 수 있다.

이 책은 ADHD 두뇌에 맞게 설계되었다

이 프로젝트를 시작하면서 오래전 그토록 갈망했지만 찾지 못했던 책을 떠올렸다. 바로 ADHD인이 ADHD인을 위해 쓴 책이었다. 우리의 두뇌를 위해 설계된 것이 아닌 줄도 모르고 따라 해보려 애썼던 '전형적인' 조언들과는 다른 새로운 전략이 필요하다고 생각했다.

이 책을 쓰면서 나는 ADHD 두뇌의 몇 가지 중요한 특징에 집중했다. 예를 들면, 우리의 생각은 직선으로 움직이기보다는 거미줄처럼 움직인다. 바로 그런 이유로 이 책의 모든 장이 독립적으로 읽힐 수 있도록 했다. 이 책을 처음부터 끝까지 다 읽는 것은 조금 버겁게 느껴질 수 있다. 우선순위에 두고 싶은 문제부터 자유롭게 읽기 바란다. 어떤 속도이건 당신의 속도에 맞게 읽기 바란다.

각 장은 ADHD 증상이 삶에 어떤 영향을 미쳤는지에 관한 나의 개인적인 이야기로 시작된다. 내가 느낀 수치심과 나 자신에 관한 부정적인 언어습관도 담았다. ADHD와 관련한 커뮤니티 회원들의 이야기도 인용했다. 나는 여러분이 그들의 이야기에 공감하며 그들 속에서 자신을 볼 수 있기를, 그래서 덜 외로워지기를 바란다. 대부분의 우리는 연결감과 소속감을 갈망한다. 이 책을 통해 여러분도 나와 함께, 그리고 자신의 이야기를 공유하는 것을 허락한 많은 이들과 함께, 우리 커뮤니티의 일원이라고 느낄 수 있기를 바란다.

ADHD인들은 대체로 '왜' 그런지 알아야 하기 때문에, 우리가 주로 겪는 어려움과 함께 그런 어려움을 겪는 이유도 설명했다. 특정한 '어려움'이 오히려 우리의 중요한 강점이 될 수 있는 이유도 설명했다. 각 장에는 ADHD 두뇌에 직접적으로 도움을 주는 전략들이 담겨 있다. 무조건 시도해봐야 한다는 부담은 갖지 말고, 마음이 끌리는 것들을 시도해보기 바란다.

ADHD와 함께 살아간다는 것은 힘든 일이다. 그러나 우리가 ADHD를 가진 것을 알지도 못하고 이해하지도 못한 상태로 살아간다면 몇 배는 더 힘들 것이다. 낙인과 오해, 정보의 부족으로 인해 너무도 많은 ADHD인들이 그들의 두뇌에 맞는 삶의 방식을 설계하지 못하고 있다. ADHD의 증상들은 패배자라는 생각, 수치심, 회피의 악순환에 우릴 가둔다. 우리는 그 악순환을 너무도 깨고 싶지만 제대로 이해하지 못할 때 악순환은 오히려 강화될 뿐이다. ADHD를 제대로 이해하지 않으면 우리를 혼란스럽게 했던 과거의 생각과 행동으로 어느 틈에 되돌아갈 수 있다. 그리고 우리 자신이 문제라고, 우리는 고장 났다고 믿게 될 수도 있다. 이 책은 당신을 고칠 수 없다. 그러나 당신이 고쳐야 할 대상이라는 잘못된 믿음을 버리는 것을 도울 수는 있다. ADHD를 제대로 이해할 때, 악순환을 깰 힘이 생긴다. 무엇보다도 이 책을 읽는 동안, 연민의 시선으로 자신을 바라볼 수 있기를, 그리고 당신 자신을 조금 더 이해하게 되기를 바란다.

1

주의력 조절 장애

ADHD를 가진 십 대 운전자는 자동차 사고를 낼 확률이 36퍼센트나 더 높다는 기사를 처음 접했던 몇 년 전 어느 날을 나는 잊을 수가 없다.[1] ADHD를 가진 아이의 어머니로서 섬뜩한 통계였지만 한편으론 묘하게 위안이 되었다. 운전할 때 내가 느끼는 어려움을 비로소 설명할 수 있게 되었기 때문이다.

두려움과 안도감에 이어, 열일곱 살 때의 기억이 되살아났다. 나는 주말을 맞아 외출한 부모님이 돌아오기를 기다리고 있었다. 내가 친 사고에 대해 부모님이 어떻게 반응하실지 초조해하며 보낸 몇 시간이 며칠처럼 길게 느껴졌다.

내가 어쩌다가 엄마의 새 미니밴으로 맥도날드 드라이브스루의 입간판을 들이받았는지 부모님은 설명을 요구할 것이다. 그 전에 있었던 두 번의 교통사고에 대해 그랬던 것처럼. 헤드라이트를 끄지 않아서 세 번이나 경찰이 내 차를 세웠을 때 그랬던 것처럼. 자동차 키를 차 안에 두고 잠갔을 때마다 그랬던 것처럼.

부모님이 원하는 설명을 나 자신도 찾고 있었다. 나는 왜 운전대만 잡으면 정신을 못 차릴까? 아마 수다에 정신이 팔려서 그랬을 것이다. 나름 그럴듯한 설명이지만, 그것만으로는 사고의 반이 내가 혼자 운전하다가 일어났다는 사실을 설명할 수 없었다. 단순히 주위를 살피지 않아서일까? 어쨌건 나는 십 대였고 십 대들은 자기중심적이라고 사람들은 늘 말한다. 하지만 그것 역시 딱히 맞는 설명 같지 않았다. 정말 내가 자기중심적이라 그런 거라면, 사고로 인한 비용과 불편에 대해 왜 이토록 처참한 기분이 드는 걸까?

대답할 수 없는 질문들을 몇 시간째 머릿속에서 굴려보고 있는데 마침내 부모님이 돌아왔다.

"엄마, 아빠, 제발 저 미워하지 마세요. 저 또 사고 쳤어요." 두 분이 들어서자마자 그 말이 입에서 튀어나왔다. "맥도날드 드라이브스루 입간판을 들이받았어요."

"뭐? 맥도날드 드라이브스루 입간판을? 대체 어쩌다가?" 엄마가 물었다.

엄마가 화가 나고 짜증이 난 상태로 서 있는 동안, 아빠는 그와는 조금 다른 묘한 반응을 보였다. 거의 체념에 가까운 실망으로밖에 볼 수 없는 반응이었다.

"메러디스, 앞으로 운전을 계속하려면 운전에 집중하는 법을 좀 배워야겠다." 아빠 말이 옳다는 건 알고 있었다. 그러나 실제로 어떻게 집중해야 하는지 알 수 없었다. 나는 집중하려고 노력했다. 정말로, 정말로 노력했다. 그러나 그런데도 사고를 막을 수 없었다.

ADHD의 관점에서 나와 도로와의 관계를 돌이켜보면 모든 게 분명해진다. ADHD인은 주의력 조절에 어려움을 느낀다. 운전은 긴 시간 고도의 집중력을 요하는 일이다. 차를 출발시키는 것만 해도 몇 가지 작업을 연속적으로 수행해야 한다. 그다음엔 목적지까지 경로를 파악해야 한다. 도로를 달릴 때 주의를 분산시키는 모든 것을 무시하려 애써야 한다. 모든 요인을 고려할 때 내가 운전을 유독 힘들어했던 건 결코 놀라운 일이 아니다.

나이가 들고 경력이 쌓이면서 운전에 대한 나의 불안은 조금 줄어들었다. 나의 뇌가 이런 상황에서 좀 더 잘 집중할 수 있게 되었고, 기술의 진보도 어느 정도 도움이 되었다. 자동으로 켜지는 전조등이라든가 후방카메라, 내비게이션 같은 것들 덕분에 주의력에 대한 부담이 덜어졌다. 그러나 요즈음에도 차를 몰고 여기저기 돌아다녀야 하는 날이면 나는 완전히 탈진하곤 한다.

그 문제는 여전히 해결할 수 없지만 내가 운전을 어려워하는 이유를 알게 된 뒤로는 운전대를 잡을 때 내게 운전에 필요한 에너지가 있는지 반드시 확인한다.

집중력과 주의력은 ADHD인들에게 복잡한 문제다. 그러나 ADHD 증상들을 이해한다면, 날마다 보이지 않는 적과 싸우는 것 같은 기분을 느끼지 않도록 우리 삶을 설계할 수 있다.

주의력 '결핍'이 아니다

ADHD인을 만나 성적표에 적혀 있는 글을 비교해보면 참 재미있다. 아마도 우리의 성적표에는 "원하는 일에는 집중할 수 있지만, 꾸준하지 못하다"라든가, "총명하나 실행력 부족", "잠재력은 풍부하나 부주의한 실수가 잦음"과 같은 글들이 적혀 있을 것이다. 아마도 '주의력 결핍'이 있는 아이가 아닌, 주의를 집중할 수 있지만 특정한 상황에만 할 수 있는 아이를 설명하는 글일 것이다.

이러한 '혼란스러운' 아이들은 자라서 열두 시간 동안 고도의 집중력을 발휘하다가 다음 날엔 뇌의 스위치가 켜지지 않아 당황하는 어른이 된다. 그들 중 누구도 자신이 ADHD일 수도 있다고 생각하지 못한다. 한 가지 일에 몇 시간씩 집중할 수 있는 사람이 어떻게 '주의력 결핍'일 수 있단 말인가.

ADHD^{Attention Deficit/Hyperactivity Disorder}에 관해 우리가 가장 먼저 이해해야 할 것이 있다면, '주의력^{attention}'과 '결핍^{deficit}'을 장애의 이름으로 묶는 것에 대해 대부분의 ADHD인들은 부정확하다고 생각한다는 점이다. 대다수의 우리는 주의력이 결핍되었다기보다는 오히려 엄청난 주의력을 갖고 있다고 느낀다. 종종 빠르게 밀려드는 수많은 생각들에 주의를 빼앗기기 때문에 우리는 공상하는 것처럼 보이거나 산만해 보인다. 우리의 집중력 문제를 좀 더 정확하게 표현하자면 '주의력 조절 장애'가 될 것이다. 다시 말해서 우리는 주의력을 '조절'하거나 특정 방향으로 주의를 '돌리는' 것에 어려움을 느낀다. 그 결과, 지금 당장 해야 하는 일로 주의를 다시 끌어오기 위해 끊임없이 노력해야 하는 것이다.

"주의력 조절 장애가 어떤 느낌이냐, 하면요. 아주 살짝 과장하자면요, 백만 개의 생각들이 회로 안으로 들어오려고 안간힘을 쓰는 것과 같아요. 생각들 중에는 지금 하는 일과 연관이 있는 것도 있고 없는 것도 있고, 중요한 것도 있고 옆길로 샌 것도 있고, 전혀 엉뚱한 것도 있어요. 모든 생각이 너무도 순식간에 밀려들어서, 정리를 하거나 우선순위를 정할 겨를조차 없죠." 우리 커뮤니티의 킴이 한 말이다.

우리에게 주어진 일이 따분하거나 반복적일 때 안 그래도 어려운 과제가 더 어려워진다. 우리의 뇌는 자연스럽게 재미를 추구하도록 설계되어 있다. 우리의 뇌가 추구하는 바와 상충하는 작업을 어쩔 수 없이 해야 하는 상황이 되면 작업에 머물기가 어려워진다. 주의를 되돌리기 위해 끊임없이 애쓰다 보면, 위압감과 피로감이 밀려든다. 다시 집중하기 위해 끊임없이 노력해야 하는 것이 수많은 ADHD인이 운전을 하거나 직장에서 '스위치 온' 상태로 하루를 보내고 나서 신경전형인들보다 훨씬 더 피로감을 느끼는 이유다.

ADHD와 주의력이 지닌 또다른 역설적 특징으로는, 우리 중 상당수가 종종 무엇으로도 뚫을 수 없는 강력한 집중 상태에 빠져들곤 한다는 것이다. 이러한 상태를 '과집중hyperfocus'이라고 부른다. ADHD를 가진 사람이 과집중 상태에 접어들면, 집중의 대상 외에는 아무것도 존재하지 않는다. 주방을 청소할 때 그렇게 거슬렸던 개 짖는 소리도 더 이상 들리지 않는다. 과집중 상태의 ADHD인은 주변 사람들의 대화를 듣는 척하는 데에 선수다. 고개를 끄덕이며 맞장구를 치기도 하지만, 실제로는 다른 무언가에 과집중한 상태라 나중에 그 대화를 전혀 기억하지 못한다.

ADHD인이 과집중의 산물인 엄청난 창의력과 생산성을 발휘하는 일은 드물지 않다. 많은 이들이 이러한 과집중을 몰입의 상태라고 표현하고, 그것이 혁신적이고 창의적인 프로젝트를 완수하게 하거나 호기심의 상태에 깊이 빠져들게 한다고 말한다. 그들은 짧은 시간에 신경전형인보다 많은 일을 할 수 있고 종종 놀라운 결과물을 낸다. 많은 ADHD인들이 그 상태를 좀 더 자주 경험하고 싶어 한다.

그러나 ADHD의 선물을 제대로 누리기 위해서는 그 선물에 대가가 따른다는 사실을 인정해야 한다. 과집중에서 벗어나는 것이 상당히 고통스럽게 느껴질 수 있다. 많은 ADHD인이 과집중 상태에서 벗어날 것을 강요당했을 때 극도의 짜증과 분노를 느낀다고 답했다. 과집중으로 인해 중요한 회의나 약속을 놓치는 것은 우리에게 드문 일이 아니다. 과집중에 빠지면 시간이 멈춘 것 같은 느낌이 들기 때문에 우리는 일상에서 해야 할 일을 자주 놓친다. 엄마인 나는 아이들이 학교에 있을 때 일에 집중하다가 아이들을 데리러 갈 시간을 놓치곤 한다.

과집중은 일과 일상생활에 영향을 미칠 뿐 아니라 육체적 건강에도 영향을 미친다. 과집중 상태가 되면 물을 마시고 잠을 자고 음식을 먹을 때를 알리는 생리적 신호에 둔감해진다(제13장 영양 섭취의 어려움에 대처하는 방법 참조). 이러한 현상은 ADHD인에게 엄청난 문제를 일으킬 수 있다. 장시간 끼니를 거르는 사람도 있다. 너무 몰입한 나머지 배고픔을 알아차리거나 신경을 쓰지 못한다. 마침내 과집중에서 벗어나게 되면 극심한 두통에 시달리고 너무 배가 고파서 집에 있는 음식이 남아나질 않는다. 자는 것을 잊고 새벽까지 일하는 사람도 있다. 이러한 극단성은 내가 '과집중 후유증'이라고 부르는 엄청난 에너지 고갈을 유발한다. 에너지 유지에 필요한 요소들을 장시간 외면하다 보면 에너지와 집중력이 고갈되어서 며칠을 날려버리는 대가를 치르게 된다.

다행히도 우리는 과집중이라는 독특한 상태가 우리의 일상에 미치는 영향을 완화하고, 주의력 조절을 돕는 습관을 기를 수 있다.

주의력과 집중력을 높이기 위한 전략

주의력 조절이 어렵게 느껴진다면, 필요할 때 주의를 집중하기 위해 다음의 방법들을 활용해보기 바란다. 과집중 상태를 조금 더 잘 관리할 수 있는 전략들도 제시할 것이다. 과집중 상태를 좋아하더라도 다른 필요와 의무들을 돌보기 위해 그 상태에서 벗어나는 방법을 알아두면 도움이 될 것이다. 그 방법을 알지 못한다면 과집중은 득보다 실이 더 많아진다.

두뇌활동이 수월한 시간대를 찾는다

누구에게나 집중하기 쉬운 시간대가 있다. 그 시간이 언제인지 직관적으로 이미 알고 있을 수도 있겠지만 그렇지 않다면 시간을 갖고 패턴을 파악해보기 바란다. 일을 시작한 시간과 끝낸 시간을 기록해라. 당신의 생각이 자주 떠돌았는지 아니면 집중할 수 있었는지 기록해라. 며칠에 걸쳐 파악해보고 어느 시간대가 집중하기에 이상적인지 파악해라. 가장 높은 수준의 집중력을 요하는 일을 그 시간에 배치해라. 시작하기 쉬운 일이나 짧은 시간 내에 마칠 수 있는 일은 그 외 다른 시간에 해라. 이상적인 시간에 맞춰 일정을 짠다면, 정신적 피로감이 줄어든다.

운동을 활용한다

ADHD인에게 운동은 집중력을 높이는 효과적인 방법이다. 연구 결과를 통해 입증된 사실이다. 운동은 도파민이나 세로토닌처럼 기분을 좋게 하는 신경전달물질을 생성한다. 가장 집중력이 필요한 시간 근처에 운동 일정을 잡는 것도 고려해보기 바란다. 많은 ADHD인이 아침 유산소 운동이 의욕적인 하루의 시작과 집중력 향상에 도움이 된다고 말했다. 점심시간에 짧은 시간이나마 운동을 하는 것은 오후 시간대의 슬럼프를 이겨내는 훌륭한 방법이 될 수 있다.

다양한 환경으로 실험해본다

자극이나 주의를 분산시키는 요소들이 없는 고요한 장소가 집중력을 유지하기에 가장 좋은 환경일 거라고 짐작하기 쉽다. 어떤 사람에겐 그럴 수도 있겠지만 ADHD 두뇌는 그런 식으로 작동하지 않는다. 우리는 과잉 자극과 과소 자극 둘 다 힘들어하는 경향이 있다(이 문제에 대해서는 다른 장에서 다룬다). 나의 경우 온통 흰 벽인 사무실에, 창문이 없고, 곁에 동료들이 없으면 일이 잘 안 된다. 컴퓨터를 들고 카페에 앉아 몇 시간씩 일하기 시작하면서 나의 생산성은 놀라울 정도로 향상되었다. 자극의 관점에서 당신에게 최적의 환경을 파악해라. 주위에 일하는 사람들이 있고 헤드셋에서 클래식 음악이 흘러나와야 할 수도 있다. 대답은 계속 바뀌겠지만 어떤 환경이 당신에게 최적의 환경인지 호기심을 갖고 찾아보아라. 관습을 벗어난 파격적인 것이라 해도 두려워하지 마라.

뇌에 방랑의 시간을 허용한다

장시간 집중하도록 두뇌를 혹사하는 것은 피곤한 일이다. 어떻게 해도 집중이 되지 않을 땐 잠시 휴식을 취하고 생각의 방랑을 허용하라. 명상이 도움이 되는 사람도 있고 음악이나 팟캐스트 없이 조용히 걷는 게 도움이 되는 사람도 있다. 생각을 통제하려 애쓰지 마라. 생각이 왔다가 사라지게 해라. 어떤 식으로 방랑의 공간을 허용할 것인지는 중요하지 않다. 방랑을 허용하는 것 자체가 중요하다. 운전할 때나 집중을 요하는 일을 마무리해야 할 때 자꾸만 주의가 흐트러진다면, 방랑의 시간을 더 많이 가지라는 신호일 수도 있다.

'아이디어 주차장'을 만든다

과집중 상태일 때, 집중이 깨지는 순간 창의적인 아이디어가 떠오르지 않거나 사라질까봐 두려울 수도 있다. 한 번에 일을 완벽하게 다 끝내놓지 않으면 다음 단계에 해야 할 일을 잊어버릴까봐 두려워지기도 한다. '아이디어 주차장'을 만들어두면 다음 단계로의 전환이 덜 짜증스럽고 덜 두려워진다. 과집중에서 벗어나야 할 때 아이디어를 저장할 장소를 만들어라. 핸드폰에 파일을 만드는 것도 좋고 다시 일을 시작할 때 참고할 수 있도록 음성 녹음파일을 만들어두는 것도 좋다. 다음에 해야 할 일을 적은 후, 다시 일을 시작할 때 도움이 되도록 보이는 곳에 붙여두는 것도 좋다.

영양 간식을 비축한다

과집중이 미치는 가장 부정적인 영향은 바로 불규칙한 영양 섭취다. 먹거나 마실 짬을 내기가 힘들 땐 작업 공간의 보이는 곳에 간식을 비치해두면 일하는 동안 영양을 보충할 수 있다. 영양을 섭취하기까지의 장벽을 제거하면 신체적 욕구를 충족시키기가 수월해진다.

당신의 뇌가 먹으라는 신호를 보낼 거라고 믿지 않는다

많은 ADHD인은 고도의 집중 상태에서 배고픔이나 갈증의 신호를 잘 인지하지 못한다. 그럴 때 연료를 공급해야 한다는 사실을 '일깨워주는' 습관을 만드는 것이 도움이 된다. 회의 시간처럼 타이머나 알람을 이용해 먹는 시간을 일정에 넣어두는 것도 좋다. 당신의 뇌가 잠시 멈추고 음식을 먹어도 안전하다고 느낄 수 있도록 규칙적인 식사 패턴을 만들어라. 시간과 인내심이 필요한 일이지만 습관으로 정착되면 당신의 에너지 수준에 상당히 긍정적인 영향을 미칠 것이다.

전환 절차를 만든다

아이를 데리러 가거나 회의에 참석하는 것 같은 의무를 완수하기 위해 과집중 상태에서 벗어나야만 할 때, ADHD인은 유독 힘들어한다. 마지막 순간까지 전환을 미루다 보면, 우리의 집중이 해제되기를 거부한다. 그러다 보니, 아이를 학교로 태워다

줄 때 생각에 골몰하다가 뒤에서 울려대는 경적에 깜짝 놀라기도 하고, 회의 중에 누군가 당신에게 질문을 했는데 어떤 질문이었는지 기억을 못 하기도 한다. 당혹스러운 일이고 심지어 위험할 수도 있는 일이다.

과집중을 관리해야 할 땐 전환의 절차와 시간을 설계하는 것이 중요하다. 아이를 데리러 학교에 가야 하는 시간 20분 전에 알람을 맞춰두는 것도 전환 절차의 한 예가 될 수 있다. 알람이 울리는 순간 작업 중인 프로젝트에 관한 생각들을 얼른 적어라. 5분 뒤 미리 설정해둔 두 번째 알람이 울리면, 이젠 움직일 시간이다. 차에 타는 순간 세 번 심호흡을 한 다음 출발해라. 이런 식으로 당신의 환경에 적합한 전환 절차를 미리 설계해두면 이제 집중을 해제할 시간이라는 신호를 뇌에 보낼 수 있다. 전환 절차는 당신이 다음 행동을 취할 때 좀 더 안정적이고, 안전하며, 집중력을 유지할 수 있도록 도와준다.

주의력 조절이 항상 쉬울 수는 없겠지만, 당신에게 가장 효율적인 전략을 알아두면 관리할 수 있다. 나아가서 과집중의 장점을 보존하고 당신에게 이로운 방향으로 활용할 수 있다.

연습: 집중하기 좋은 환경 조성하기

다음의 연습을 출발점으로 삼아 좋은 환경에 필요한 요소들을 생각해보아라. 당신에게 효율적인 도구나 조건들을 파악했다면, 집중하기 힘들 때 참고할 수 있도록 잘 보이는 곳에 놓아두어라.

✶
나의 이상적인 집중 환경

다음 중 해당 항목을 모두 선택하고 집중 환경을 조성할 때 지침으로 삼는다.

소리	배경
자연의 소리	차분한 색상
클래식 음악	밝은 색상
신나는 음악	일하는 동료
백색/갈색 소음	예술작품
집중력 유도 음악	가족사진
정적	창문

촉각	기타
낙서장	
편한 옷	아로마테라피
조이는 옷	동반 집중
촉각 매트	비주얼 타이머
손 장난감	
움직임	

2

과잉행동

나는 그 주 내내 음악 수업을 기다렸다. 엄격한 가톨릭계 초등학교 3학년이었던 내게 음악 시간은 고된 학업에서 벗어나는 반가운 휴식이었다. 음악 시간에 우리가 만든 곡에 가사를 쓰기도 하고 조별 활동을 할 수 있어서 좋았다. 각자 악기를 선택해서 연주해보는 날은 유난히 더 기다려졌다. 그러나 오늘은 상황이 달랐다. 음악 선생님이 아파서 결근하는 바람에 담임이 음악 수업을 진행하게 되었다. 담임은 엄격하고 단호한 수녀의 전형이었다. 담임은 오늘 음악 수업 시간에는 악보 읽는 법을 배우자고 했다. 꼭 필요한 수업이었지만 어린 나에게는 따분하게 느껴졌다.

아홉 살이었던 나도 악보가 중요하다는 건 알고 있었지만, 종일 그 시간만 기다렸는데 그 수업이 나의 기대와 다르게 어그러졌다는 사실을 나의 뇌는 받아들이지 못했다. 나는 탬버린을 선택할 생각이었고 자리에서 벗어나 친구들과 어울릴 생각에 신이 나 있던 터였다. 그러나 결국엔 나의 운명을 받아들이고 집중하기 위해 최선을 다했다. 담임이 수업 시간 내내 웅얼거릴 때 나는 연필로 악보나 그려야겠다고 생각했다. 그러나 연필이 종이에 닿는 순간, 담임의 수업 시간에는 낙서가 엄격히 금지되어 있다는 사실이 떠올랐다. 수업 시간 내내, 나는 분출할 수 있을 줄 알았던 에너지를 억누르기 위해 안에서 전쟁을 치러야만 했다.

어느 순간 다리를 떨기 시작했고 그건 내게 특별할 게 없는 일이었다. 처음엔 내가 다리를 떨고 있다는 사실을 알아차리지 못했다. 마침내 알아차리는 순간, 떠는 것을 멈추려고 한 손을 무릎 위에 얹었다. 엄마가 수백 번 그랬던 것처럼. 머지않아 의자가 감옥처럼 느껴지기 시작했고, 나도 모르게 몸을 비틀었고, 어쩌다 보니 나의 한쪽 팔이 의자 등받이의 틈새로 빠졌다. 팔이 의자에 끼어버린 것이다.

담임이 연습문제를 나누어줄 때, 팔을 빼려고 이리저리 움직여보았다. 나의 심장이 빠르게 뛰었고 혼자 힘으로 이 상황에서 벗어날 수 없으리란 사실을 깨닫게 된 순간부터 진땀이 나기 시작했다. 나는 속이 뒤틀리는 것 같은 기분으로 때마침 내 옆을 지나던 담임에게 팔이 의자에 끼었다고 우물댔다. 내 팔을 의자 등받이에서 빼내려고 거칠게 잡아당기는 선생님의 표정에는 짜증이 역력했다. 반 아이들 모두가 내가 처한 곤혹스러운 상황을 알게 되었고 나는 금방이라도 울음이 터질 것만 같았다.

담임이 관리인에게 연락했고 나머지 학생들에겐 과제를 하라고 지시했다. 나는 빨리 팔을 뺄 수 있기를 바라며 두려움에 휩싸인 채 마음을 졸였다. 기다리는 동안 아이들이 웃음을 참는 소리가 들렸다.

마침내 관리인이 연장통을 들고 나타났다. 의자를 완전히 해체한 뒤에야 팔을 뺄 수 있었다. 팔이 멍들고 욱신거렸고 그다음 날까지 아팠다. 그러나 당시 나는 육체적 고통은 거의 느끼지 못했다. 머릿속엔 온통 창피하다는 생각뿐이었다. 나는 왜 다른 아이들처럼 책상 앞에 가만히 앉아 있지 못할까?

세월이 흐른 뒤에야 그날의 일을 되돌아볼 수 있었고 내가 왜 그런 행동을 했는지 이해할 수 있었다. 그것은 분명히 ADHD의 과잉행동 성향으로 인해 유발된 행동이었다.

과잉행동의 다양한 양상

대체로 사람들은 과잉행동을 비교적 뚜렷한 ADHD 증상이라고 생각한다. 그러나 의사나 교육자에 의해, 그리고 우리 사회 전반에 의해 과잉행동 범위는 종종 너무 좁게 규정된다.

1980년대와 1990년대에 어린 시절을 보낸 사람으로서, 당시 ADHD(주의력 결핍 과잉행동 장애Attention Deficit Hyperactivity Disorder)의 H(과잉행동)는 학교나 집에서 말썽을 피우는 경우에만 문제로 인식되었다. 당신은 어렸을 때 자리에서 자주 이탈하고 말썽을 피우는 남자애였나? 그런 남자애가 아니었다면, ADHD는 누구의 레이더에도 포착되지 않았을 것이다. 불행히도 그런 고정관념 때문에 너무도 많은 이들이 삶의 긴 시간 동안, 혹은 평생토록, ADHD 진단을 받지 못한다. 그런 고정관념에 부합되지는 않지만, 우리는 머릿속에서 왜 이토록 많은 생각들이 다투고 있는지, 우리가 왜 이토록 말을 많이, 빠르게 하는지 이해하지 못한 채로 산다. 대체 우리는 왜 좀처럼 마음의 안정을 찾지 못하는 걸까.

과잉행동이 다양한 양상으로 표출된다는 사실을 모르는 사람들이 여전히 많다. 그보다 더 나쁜 것은 우리를 치료하는 사람들이 종종 여성이나 성인의 과잉행동을 알아차릴 정도로 노련하지 않다는 사실이다. 진단을 받고 싶었지만, 가만히 앉아 있을 수 있고 대학을 졸업했다는 이유로 자신들의 고충을 외면당했다는 얘기를 나는 얼마나 많이 들어왔는지 모른다.

상황을 더 복잡하게 만드는 것은, ADHD를 가진 사람 중 과잉행동 증상이 전혀 없는 사람들은 ADHD의 하위 유형인 부주의형inattentive subtype으로 분류된다는 것이다. 과잉행동을 어떻게 정의할 것인지 본격적으로 논의하기에 앞서, ADHD와 그 다양한 양상을 둘러싼 혼란을 정리해보려 한다. 그다음에 과잉행동 성향을 다스리는 방법들을 검토해보자.

ADD에 무슨 일이 일어났는가?

1960년대 미국 심리학협회에서 처음 승인된 이후 ADHD는 여러 차례 명칭 변경과 내용 수정을 겪었다(그리고 인정하자, 그 명칭은 여전히 보완이 필요하다). 1980년에서 1987년까지, 부주의 성향이 있지만 과잉행동은 보이지 않는 사람들을 위한 진단명으로 ADD가 사용되었다. 부주의와 과잉행동을 모두 보이는 경우 ADHD로 진단되었다. 1987년도에 또 한 번의 개정을 거치면서, 별도의 병명으로서의 ADD는 사라지고 대신 과잉행동이 없는 유형을 ADHD의 하위 유형으로 보기 시작했다. 현재 〈정신질환 진단 및 통계 편람DSM〉에서는 ADHD에 세 가지 하위 유형이 있다고 보고 있다. 주로 과잉행동 우세형, 부주의 우세형, 과잉행동과 부주의의 혼합형 세 가지다.[2]

요즘에도 부주의 우세형 ADHD를 지칭하는 용어로 ADD가 종종 사용된다. 문제를 더욱 복잡하게 만드는 것은, 부주의 우세형 ADHD로 진단받은 사람들도 과잉행동 증상을 보일 수 있지만 증상이 덜 뚜렷하거나 내면에서 일어난다는 점이다. 이제 과잉행동의 다양한 양상들을 살펴보자.

외적 과잉행동 VS 내적 과잉행동

이 글을 읽고도 여전히 당신에게 과잉행동 증상이 없다는 생각이 든다면, 다음의 질문에 답해보기 바란다. 직장에서 휴식을 취하기 위해 자주 자리에서 일어나는가? 머리카락을 꼬거나 발을 흔들거나 다리를 떠는가? 온라인 회의 중에 끊임없이 물이나 커피를 홀짝이는가? 나중에 다시 볼 계획이 없어도 무언가를 끼적이거나 받아 적는가? 이런 질문에 대체로 고개를 끄덕였다면, 당신은 당신이 생각하는 것보다 외적 과잉행동이 많은 사람일 수 있다. 움직임으로 과잉행동이 표출되지 않더라도 과잉행동이 나타나는 방식은 다양하다.

많은 ADHD인이 말을 빠르게 많이 하는 것으로 유명하다. 어렸을 때 나의 별명은 '수다쟁이 메러디스'였고 지금까지도 말을 너무 빠르게, 너무 많이 한다는 얘길 듣는다. 정리해보자면, 외적 과잉행동은 비교적 분명하게 겉으로 드러나는 증상들을 뜻한다. 가만히 있지 못하고 꼼지락거리는 것은 흔한 증상이지만, 앞서 밝힌 것처럼 과잉행동은 어린애가 스트레스를 풀기 위해 손장난감을 만지작거리는 것보다 훨씬 다양한 방식으로 표출된다.

과잉행동의 양상을 식별하는 것은 ADHD 증상을 파악하고 진단하는 데 결정적이지만, 그러한 증상을 참으려 애쓰면 안 된다는 것을 이해하는 것 또한 중요하다. 펜과 종이 없이 가만히 앉아 있어야 했던 상황을 떠올려보라. 가만히 있을 수 있었는가? 그럴 때 어떤 기분이었는가? 아마 초조하고, 불안하고, 산만했을 것이다.

ADHD인에게 가만히 앉아서 '절대 집중'하라고 말하는 것은 근시안적일 뿐 아니라 전혀 효율적이지 않다. 의학박사 존 레이티가 자신의 저서《스파크spark》에서 소개한 연구에 의하면, 움직임은 ADHD인들의 주의 집중을 돕는 도파민 같은 신경전달물질을 생성한다.[3] 특정한 움직임을 허용하는 것은 장시간 주의를 집중하는 데 오히려 도움이 될 수 있다.

다양한 양상을 이해하게 되면 외적 과잉행동을 판별하기가 수월해지지만, 내적 과잉행동은 그보다 약간 복잡하다. ADHD인은 겉으로 뚜렷하게 드러나지 않는 내적 동요를 겪고 있기 때문이다. 내적 과잉행동은 온갖 생각들이 빠르게 밀려든다든가, 어떤 일을 하다가 자주 다른 일로 옮겨간다든가, 심지어 쉽게 잠이 들지 못하는 것으로도 나타난다. 많은 이들이 이런 증상을 '머릿속에서 윙윙거리는 벌들' 혹은 '원숭이의 머릿속'●으로 표현했다. 혹은 '튀어 오르는 생각들'로 표현되기도 하는데, 우리 커뮤니티의 회원 조앤은 "나의 뇌가 TV인데, 내 친구가 맥주 세 캔을 마신 상태로 리모컨을 들고 채널을 너무 빨리 돌려서 화면에 뭐가 나오는지 도무지 파악할 수가 없는 상태" 같다고 말했다.

ADHD를 가진 사람 중 상당수가 과잉행동의 내적 증상과 외적 증상을 모두 보인다. 과잉행동은 해롭지 않을 뿐 아니라 심지어 도움이 될 수도 있지만, 학교나 직장에서는 부정적인 영향을 미칠 수 있다. 과잉행동은 우리의 인간관계와 건강에도 영향을 미친다. 자신의 과잉행동이 어떤 양상으로 나타나는지 이해하는 것은 상당히 중요하다. 그러나 여기서는 우선 과잉행동을 다스리는 데 도움이 되는 전략들을 살펴보자.

● 원숭이처럼 날뛰는 불안 상태를 일컫는 말.

과잉행동을 다스리기 위한 전략

과잉행동을 알아차리기 시작했다면, 건강하게 표출할 방법을 찾아야 한다. 어렸을 때 우리는 그것을 통제하거나 감추라고 배웠다. 그래서 우리 중 많은 이들이 움직이고 싶은 욕구를 억눌러야 하는 상황에서 동원할 수 있는 속임수나 게임 같은 것들을 만들어두었다. 욕구를 통제하면 비난을 면할 수 있겠지만 욕구를 외면한 것에 대한 대가가 따른다. 과잉행동을 감추다 보면 대체로 스트레스가 쌓이고, 초조해지고, 신경이 날카로워진다. 더구나 소중한 인지적 자원을 어떻게 하면 움직이지 않을지 궁리하는 데에 소모하게 된다.

표출되지 않은 과잉행동은 탄산수가 들어 있는 캔과 같다. 캔을 흔들며 압력을 캔 속에 가둘 수는 있지만, 뚜껑을 따는 순간 폭발한다. 과잉행동을 너무 오래 억누르다 보면 우리에게도 똑같은 상황이 벌어진다. 마침내 그것을 표출할 기회가 왔을 때, 버럭 화를 내거나, 무모하고 위험한 행동을 하거나, 중독성 물질에 탐닉하게 되는 것이다. 과잉행동을 지속적으로 감추는 것으로 인해 초래되는 결과는 너무도 방대하다.

당신이 평생 과잉행동을 통제하려 애쓰며 살았다면, 만약 그것을 분출하는 쪽으로 방향을 틀었다면 어땠을지 상상해보기 바란다. 근무 시간 틈틈이 좀 더 자주 춤을 추었을까? 샤워하며 노래를 부르거나 퇴근 후 친구와의 대화를 즐겼을까? 과잉행동을 부정하지 않고 대신 그것을 분출할 출구를 찾는 것이 얼마나 중요한지는 아무리 강조해도 지나치지 않다.

일정에 운동을 포함한다

나에게 평일 중 가장 멋진 하루는 움직이며 시작해서 움직이며 끝나는 날이다. 아침 운동은 상쾌하고 집중하기 좋은 뇌 환경 조성에 도움이 된다. 운동은 성취감과 의욕을 높인다. 그러나 아침 운동을 하는 것에서 멈추어선 안 된다. ADHD인은 자주 몸을 움직이는 형태의 자극이 필요하다. 온라인 회의에 장시간 참석해야 한다면 회의를 들으며 몸을 움직이는 방법을 생각해보아라. 손 장난감, 회전의자, 서서 일하는 책상 같은 것도 훌륭한 도구가 될 수 있다.

거기서 조금 더 나아가서, 회의 중에 카메라가 꺼져 있다면, 창의적으로 움직일 방법을 찾아라. 나는 서랍을 정리하거나 빨래를 개거나 뜨개질을 하면서 수많은 온라인 회의와 교육프로그램에 참석했다. 사람들 눈엔 우리가 집중을 안 하는 것처럼 보이겠지만, 오히려 그런 행동들이 우리의 생각이 주제에서 너무 멀리 가지 않도록 돕는다.

제약이 많은 사무실에서 근무한다면 쉬는 시간을 활용해 몸을 움직여라. 쉬는 시간에 건물 안에서 걷거나, 심지어 걸으며 회의를 해도 되는지 상사에게 물어라. 복사실에 가거나 아래층에서 동료와 복도에서 만나는 등 움직여야 하는 일들을 곳곳에 안배해라. 억압된 과잉행동의 폐해를 인지한 뒤로 나는 꼼지락거리거나 일어서야 하는 상황이 덜 창피하게 느껴졌다.

낙서를 한다

낙서를 하라고 말하면 다소 혼란스러울 수도 있다. 어렸을 때 수업 시간에 낙서하다가 야단맞은 적이 있는 사람이라면 더더욱 그럴 것이다. 그러나 연구에 의하면 낙서는 집중과 정보의 흡수를 돕고 내적 과잉행동을 완화한다. 실제로 2009년 연구에 의하면 지루한 전화 통화 중 낙서가 허용된 참가자들이 대조군에 비해 통화 내용을 29퍼센트 더 잘 기억하는 것으로 나타났다.[4] 그림을 그리는 게 적성에 안 맞는다면 받아 적는 것도 같은 효과가 있다. 받아 적은 것을 다시는 안 보더라도.

말로 정리한다

과잉행동이 비교적 내적인 양상으로 나타나는 사람들에게 이 점은 특히 중요하다. 회의 중에 자꾸 서성거리게 된다면, 질문을 하거나 당신이 알게 된 내용을 말로 정리해보아라. 하루 종일 수시로 충분히 말로 정리할 시간을 갖는 것도 도움이 된다. 사랑하는 사람이나 동료에게 당신의 생각들을 자주 표면화하면 하루가 끝날 무렵 생각들이 억눌려 있는 듯한 답답한 기분을 피할 수 있다.

연습: 과잉행동 관리 메뉴

하루 중 과잉행동을 표출하고 싶을 때 욕구를 다스리는 방법들을 일깨워 줄 '과잉행동 관리 메뉴'를 미리 만들어둔다.

∗

과잉행동 관리 메뉴

움직임으로 하루를 시작하는 방법	하루 중 수시로 움직이는 방법
매일 아침 십 분간 자전거 운동하기	점심시간에 산책하기
회의 중에 집중력을 유지하는 방법	하루를 정리하는 방법
온라인 회의 중 뜨개질하기	가까운 사람에게 나의 하루를 말로 정리하기

3

충동성

아이와 함께 집에 있는 게 얼마나 따분한 일인지 아무도 말해주지 않았다. 나는 첫 아이와 사랑에 빠졌지만, 며칠을 집에만 있다 보니, 어느 순간 인터넷에서 재미있는 일과 커뮤니티를 찾아보게 되었다. 어느덧 아기를 먹이고 기저귀를 가는 틈틈이 육아 관련 커뮤니티 게시판을 훑어보는 게 나의 일상이 되었다. 새로운 취미생활에 푹 빠져 지내던 어느 날, 육아 커뮤니티 게시판이 온통 가족이나 친구에게 아기의 탄생을 알리는 카드 메시지로 도배되어 있다는 걸 알게 되었다. 아기 사진들은 너무도 사랑스러웠지만 카드 디자인은 1980년대 이후 업데이트가 안 된 것 같았다. 몇 주 전 나도 아기의 탄생을 알리는 카드를 보낸 적이 있어서 사람들이 촌스러운 테디베어와 젖병이 마음에 들어서 선택한 게 아니라는 걸 알았다. 현대적인 감각의 카드 디자인이 없어서 어쩔 수 없이 선택한 것이었다.

그 순간 머릿속에 한 가지 아이디어가 떠올랐다. 아기의 탄생을 알리는 포토 카드 회사를 차려보면 어떨까. 재미있고 현대적인 디자인의 포토 카드. 한발 더 나아가서, 정신없을 부모들 대신 메일을 발송하는 '풀서비스'를 제공할 수도 있을 것이다. 수요는 분명히 있고 엄마들이 소셜미디어에서 홍보해주면 자연스럽게 입소문이 날 것이다. 어쩌면 이 사업이야말로 딸이 태어난 이후 나 자신에게 계속 던져왔던 질문의 해답일지도 모른다는 생각이 들었다. '어떻게 하면 나의 영혼을 갉아먹는 회사로 복귀하지 않을 수 있을까?' 개인사업이 답이라는 건 알았지만 수많은 아이디어가 순식간에 왔다가 사라져버려서 아무것도 실행에 옮길 수 없었다.

그로부터 한 시간 뒤, 나는 생각할 겨를도 없이 충동적으로 일을 저지르고 말았다. 아기의 탄생을 알리거나 생일과 명절을 축하하는 포토 카드의 주문 제작 서비스를 제공하겠다고 소셜미디어에서 선포한 것이다. 가족과 친구들의 반응은 긍정적이었다. 처음에는 그들의 격려에 힘이 솟았지만 몇 시간 뒤에는 힘이 빠졌다. 그제야 두려움이 밀려들기 시작했다. 사업 자체에 의심이 든 건 아니었지만 몇 가지 문제가 있었다. 나는 그래픽 디자인을 전혀 할 줄 몰랐다. 웹사이트를 만들 줄도 몰랐고 사업 경험도 없었다.

찬찬히 생각해보니 포스팅을 지우고, 이 사업을 실행에 옮길 상황이 아니라는 사실을 인정하고, 애초에 그런 글을 올린 적조차 없었던 척하는 게 가장 합리적인 일 같았다. 그러나 나의 자존심이 합리적 판단을 눌렀고, 나는 어떻게든 이 일을 해내고 말겠다고 결심했다.

이런 식의 충동성에 공감하는가? 필요하지도 않은 물건을 장바구니에 담아본 적이 있다면, 본의 아니게 누군가의 비밀을 누설한 적이 있다면, 한순간 욱하는 감정 때문에 인간관계를 파탄 낸 적이 있다면, 당신에게 충동성에 대해 설명할 필요는 없을 것이다. 그러나 잠시 생각할 시간을 갖는 것이 ADHD인에게 왜 그토록 힘든지 이해하는 것은 분명 도움이 될 것이다.

신경전형인의 두뇌를 리모컨으로 작동하는 신형 승용차라고 가정해보자. 속도를 늦추고 싶거나 차를 멈추고 싶을 때, 승용차는 명령에 신속하게 반응한다. 이번에는 ADHD의 두뇌를 그런 승용차라고 생각해보자. 다만, 당신의 친구가 리모컨에 주스를 쏟아서 브레이크 버튼이 끈적끈적하고 어쩌다 한 번씩만 제대로 작동한다는 게 다르다. ADHD인의 뇌에서 충동을 관장하는 부위인 전전두엽이 바로 이 리모컨과 비슷하다. 그 리모컨은 조금 느리고 끈적끈적하고 브레이크 버튼이 잘 작동하지 않는다.

충동성의 여파

어떤 상황에서는 충동성이 크게 문제가 되지 않겠지만, 우리의 일상에 적지 않은 타격을 입히기도 한다. 정지 버튼이 제대로 작동하지 않기 때문에, 우리는 실제로 어떤 결과를 초래할지 찬찬히 살펴보지도 않고 섣불리 결정을 내려버리곤 한다. 충동성은 우리의 대화 패턴에도 영향을 미친다. 우리는 자주 끼어들거나 생각들을 쏟아낸다. 많은 ADHD인이 대화 중 옆길로 새고 이 얘기 저 얘기 옮겨가며 화제를 바꾼다. 충동성은 일상적인 일을 처리하는 방식에도 영향을 미친다. 우리는 툭하면 하던 일을 멈추고 다른 일을 한다. 머릿속에서 새로운 일이 떠오르기 때문이다. 그 일이 지금 당장 해야 하는 일인지 생각해보기도 전에 충동을 따르고 싶은 욕구를 강하게 느낀다.

우리가 충동적으로 저지르는 일이 무해한 일이고 심지어 우리에게 도움이 되는 일일 수도 있지만, 충동성을 제대로 이해하지 않으면 업무나 재정, 인간관계에 악영향을 미칠 수도 있다. 회의에 참석했을 때, 내 차례가 올 때까지 질문을 참겠다고 마음먹

고도 대화에 끼어든 적이 종종 있는가? 그러고 나면 수치심, 후회, 혹은 무례한 사람으로 찍히는 것에 대한 두려움이 밀려든다. 대화의 방식만 문제가 되는 게 아니다. 새로운 아이디어에 충동적으로 이끌려 중요한 프로젝트나 목표에서 멀어지기도 한다. 만약 당신이 ADHD를 가진 기업인이라면, 혁신적인 새로운 아이디어가 떠올라 진행 중이던 프로젝트를 버리고 새로운 아이디어를 좇을 확률이 높다. 이런 식의 행동은 다양한 상황에서 비난을 살 수 있고 우리의 성공 여부에 영향을 미칠 수 있다. 충동성을 제대로 다스리지 못하면 욱하는 기분에 직장을 그만두는 것처럼 극단적인 상황을 초래할 수 있다. 제대로 파악하거나 다스리지 못한 충동성은 시간이 흐를수록 우리의 자신감과 신뢰도를 훼손한다.

충동성은 경제적으로도 타격을 입힌다. 주문한 기억이 없는 택배를 우편함에서 발견해본 적이 있다면, 내 말이 그리 놀랍지 않을 것이다. 충동성 조절에 어려움을 느끼는 ADHD인에게 현대 사회는 그야말로 지뢰밭이다. 인터넷에서 번개처럼 빠르게 물건을 구매할 수 있는 신기술은 날마다 새로 등장한다. 한두 번의 클릭만으로 물건을 살 수 있다. 웹사이트와 휴대전화는 우리의 정보를 저장하고 긴박감을 조성하는 마케팅을 펼친다. 업체들은 신경과학자들의 자문을 얻어 우리 뇌의 의사결정 과정을 교묘하게 조종하는 플랫폼을 설계해놓고 구매를 유도한다. ADHD 두뇌는 신경전형인의 두뇌보다 고도의 마케팅 기술에 취약하다. 많은 ADHD이 그러한 마케팅의 피해자가 되고 통장 잔고가 바닥나서 충격과 수치심에 휩싸인다. 상황을 정확히 인지하고 적절한 전략으로 대처하지 않으면, 현대 사회의 소비 환경에서 우리는 너무도 쉽게 충동구매의 굴레에 갇힌다.

충동성은 연애에도 영향을 미친다. 라스베이거스의 당일 결혼식장을 전수 조사해본다면, 진단받지 못한 ADHD인이 얼마나 나올지 궁금하기도 하다. 우리는 관계에 빨리 빠져들고, 좋은 쪽으로든 나쁜 쪽으로든 중대한 결정을 후딱 해버리는 것으로 악명이 높다. 우리의 충동적 성향은 연인관계에서도 갈등을 일으킬 소지가 있다. 서로에게 중대한 영향을 미치는 결정을 상대방의 동의 없이 순식간에 해버리기 때문이다. 시간이 흐를수록 충동적인 행동은 신뢰와 소통을 망쳐버린다.

충동성으로 인한 가장 큰 폐해는 아마도 위험한 행동으로 인해 초래될 것이다. ADHD인은 '보지도 않고 뛰어들' 확률이 높다. 연구에 의하면 ADHD 진단을 받은 사람은 평생 사고를 당할 확률이 더 높다.[5] 약물에 중독될 확률도 높은데, 충동성 역시 중독에 기여하는 여러 요인 중 하나로 알려져 있다.[6]

그렇다면 우리는 이렇게 충동에 지배당하며 살 수밖에 없는 것일까? 아니, 그렇게 살지 않아도 된다. 충동성이 우리의 삶에 미치는 영향을 명확히 인식한다면, 행동을 취하기 전에 잠시 멈추고 생각해보는 시간을 충분히 갖도록 방어벽을 설치할 수 있다.

충동성의 좋은 예

지금까지 충동성이 우리 삶에 미치는 파괴적인 영향을 살펴보았으니, 즉흥성의 긍정적인 측면도 얘기해보고 싶다.

나는 종종 오래전 충동적으로 '새로운' 포토 카드 사업을 하겠다고 선포했던 일을 떠올리고 그 순간의 충동성에 감사한다. 나의 의도를 세상과 공유함으로써 곧바로 책임감을 느낀 나는 차근차근 내가 해야 할 일들을 생각해서 실행에 옮겼다. 다음 날 남편에게 웹사이트를 하나 만들어달라고 부탁했고 남편이 만들어주었다. 일주일 뒤 그래픽 디자인의 기본을 독학한 다음 웹사이트에 올릴 카드 시안들을 만들었다. 그달 말에는 육아 커뮤니티 게시판에 나의 사업을 포스팅했고 몇 건의 주문을 받을 수 있었.

자그마한 사업이었지만 나의 뇌가 너무도 갈구했던 자극을 주었고 그러면서도 나의 어린아이들과 집에서 거의 모든 시간을 보낼 수 있었다. 그날 정지 브레이크를 밟았다면 내가 그 사업을 시작이나 할 수 있었을까. 나의 목표를 충동적으로 세상과 공유함으로써, 비록 준비가 안 된 상태이긴 했지만, 책임감을 갖고 행동에 옮길 수 있었다.

충동성을 다스리는 방법

충동성 덕분에 일이 잘 풀렸던 기억을 떠올려보기 바란다. 따듯한 연민의 시선으로 자신을 바라볼 수 있는가? 즉흥적인 성향이 가져다준 좋은 시간을 음미해볼 수 있는가? 충동적인 행동이 초래한 부정적인 여파로 인해 느꼈던 수치심을 이제 놓아줄 수 있는가? 당신의 결정이 초래할 결과를 미리 생각해볼 수 있는 기술을 터득한다면 당신의 삶은 얼마나 흥미로워질까? 삶에 긍정적인 도전과 즐거움을 더할 일들을 실현할 수 있는 힘을 지니게 되지 않을까? 다음은 당신의 충동성을 이해하고 보다 효과적으로 다스리기 위한 전략들이다.

패턴을 파악한다

다음번에 충동적인 결정을 내릴 때, 자신을 돌아보길 바란다. 그 순간 어떤 기분이었나? 따분했던가? 피곤했던가? 불안했던가? 특정한 욕구를 충족시키기 위해 충동적으로 행동하는 것 말고 어떤 선택을 할 수 있었는지 자신에게 물어라. 잠시 멈추고 다른 선택을 고려할 수 있도록 시각적인 장치를 만들어두는 것도 도움이 된다. 예를 들어 신용카드에 노란색 멈춤 표시를 테이프로 붙여두면, 물건을 사기 전에 잠시 멈추고 생각해볼 시간을 가질 수 있다.

위험한 길을 피하고 방어벽을 설치한다

만약 당신이 40퍼센트 할인의 유혹을 뿌리치지 못하고 필요하지도 않은 옷을 사는 데 300달러를 지출하는 사람이라면, 가장 좋아하는 쇼핑몰의 메일 구독을 취소하는 것을 고려해보기 바란다. 한 걸음 더 나아가서 충동구매를 하게 되는 쇼핑몰에 저장해둔 신용카드 정보를 삭제하는 것도 좋다.

이러한 방식을 다양한 상황에 적용해보기 바란다. 충동성을 조장하는 상황을 피하고 미리 계획을 세워두어라. 친구나 연인에게 책임을 나누어달라고 부탁해놓는 것도 도움이 된다. 소비 습관과 관련하여 어려움을 겪고 있다면, 제14장 재정관리를 꼭 읽어보기 바란다.

명상과 마음챙김

명상과 마음챙김은 ADHD인의 충동성을 완화하는 데 도움이 되는 것으로 나타났다. 2017년 실험에서 명상과 마음챙김 훈련을 받은 참가자들이 자기 조절 능력이 향상된 것으로 보고되었다.[7] 어쩌면 당신에게 명상은 불가능한 일처럼 느껴질 수도 있다. 그러나 명상 지도를 받거나 걷기 명상에 한번 도전해보기 바란다. 마음이 고요할수록 기다리고 생각하는 법을 배우기가 쉬워질 것이다.

충동에 굴복해도 수습할 방법은 있다

자신의 결정이 후회스럽다면 어떤 행동을 취할 수 있는지 자신에게 물어라. 계약서에 서명했다면 조항들을 확인해라. 며칠 내로 환불받을 수 있다고 명시된 조항이 있을 것이다. 대화 중에 한 말이 후회된다면 잘못을 인정하고 사과해라. 충동적으로 행동한 뒤에 느끼는 수치심 때문에 타격을 완화할 방법이 있음에도 못 보는 것일 수도 있다.

연습: 충동성에 관한 명상

충동성과 관련하여 다음의 질문에 답해본다.

- 충동적인 결정을 할 때 나는 대체로 어떤 감정 상태인가?
- 오늘 내가 잠시 멈추고 생각할 수 있도록 도와주는 안전장치로 무엇을 설치할 수 있는가?
- 내가 가장 충동적일 때는 어떤 상황인가?
- 충동적이거나 즉흥적으로 행동해서 좋은 결과를 얻었던 적은 언제인가?

4

작업기억

ADHD 진단을 받기 전에 내가 했던 사업 중 초보 엄마들을 위한 그룹 피트니스 프로그램이 있었다. 유아차에 아기를 태우고 회원들이 오면 엄마들이 운동할 수 있도록 도왔다. 커뮤니티가 가장 절실히 필요한 시기인 만큼 친목을 도모하기 위한 사교의 장을 마련하는 것도 큰 비중을 차지했다. 훌륭한 리더라면 당연히 그래야 하는 것처럼, 나 역시 신입 회원에게 간단한 음식을 만들어 전달하기로 했다. 아주 간단한 일 아닌가? 음식을 준비해서 전달해주기만 하면 되니까. 다른 엄마들은 늘 그 일을 대수롭지 않게 생각하는 것 같았다.

그러나 막상 내가 음식을 준비해야 하는 상황이 되었을 때 나는 마트의 신선식품 코너에서 완전히 압도당한 채 얼어붙었다.

사람들은 내가 무를 쳐다보는 줄 알았겠지만, 사실 나는 공황 상태였다. 우리 가족을 먹이는 것도 버거운데, 다른 한 가족의 한 끼 식사를 책임져야 하다니. 얼어붙은 채 몇 분을 흘려보내고 나서, 나는 최대한 일을 간단하게 하기로 결심했다. 나는 로티세리 치킨(쇠꼬챙이에 끼워 회전시키며 구운 통닭)과 샐러드와 치킨 타코 재료를 사기로 했다. 재료를 전부 다 산 다음 치킨 하나를 더 사서 그날 저녁 우리 가족의 식사로 준비했다. 저녁 식사를 마치고 남은 로티세리 치킨을 냉장고에 넣으면서, 이런 간단한 방법을 생각해낸 나 자신이 천재라는 생각이 들었다.

다음 날 나는 아이들을 준비시키면서 음식을 챙겼다. 냉장고에 있던 음식들을 비닐백에 넣으면서 머릿속으로 다음 할 일을 생각했다. 먼저 아이들 아침 식사를 준비하고, 그다음엔 전달할 음식을 전부 다 비닐백에 넣었는지 다시 한번 확인할 것이다. 그다음엔 신입회원의 주소를 확인하고, 가서 음식을 전달할 것이다. "이 정도는 해낼 수 있겠지?" 내가 자신에게 물었다. 그날 아침 나는 정신없이 허둥댔고 그것은 늘 있는 일이었다. 그러나 어쨌든 나는 음식을 넣은 가방을 챙겨서 아이들과 함께 집을 나설 수 있었다.

다음 날 아침 또 하나의 천재적인 아이디어가 떠올랐다. 먹다 남은 닭고기로 누들 수프를 만들어야지! 효율적으로 움직이는 나 자신을 칭찬하며 치킨 용기를 조리대에 올려놓았다. 그런데 용기에 담긴 치킨을 본 순간, 나는 어리둥절했다. 투명한 뚜껑 위로 보이는 것은 손을 대지 않은 온전한 치킨이었다. 잠시 내가 헛것을 보고 있나 생각했다. "어제 저녁에 분명히 치킨을 먹었는데?" 내가 중얼거렸다. 그 순간 가슴이 철렁했다. 나는 먹다 남은 치킨을 회원에게 가져다준 것이다. 먹다 남은 치킨을 본 순간 그 회원은 무슨 생각을 했을까. 수치심이 밀려들었다. 뜯어먹고 남은 닭 뼈다귀를 선물로 가져다주는 사람이 대체 어디 있단 말인가? 너무 피곤하거나 압도감에 휩싸였을 때 누구나 할 수 있는 실수이지만, 진단받기 전 작업기억이 형편없는 ADHD인에게 훨씬 더 있을 법한 시나리오다.

작업기억이란 무엇인가?

"어떤 일을 하는 중에도 내가 지금 뭘 하고 있는지 자꾸 잊어요." ADHD인에게 자주 듣는 말이다. 당신이 이 말을 자주 한다면, 당신도 작업기억 때문에 어려움을 겪는 것일 수 있다. 우리 커뮤니티의 회원 로라는 이렇게 설명한다. "작업기억이 형편없는 사람은 2003년도에 나온 TV 드라마 에피소드는 전부 다 기억하면서,

날씨를 확인하고도 막상 집에서 나가는 길에 챙기는 걸 잊어버려서 새로 산 선글라스와 우산이 스무 개가 넘어요."

　작업기억working memory이란, 우리의 뇌가 어떤 정보를 잠시 잡아두고 다른 정보와 연결할 수 있도록 해주는, 일종의 집행 기능이다. 여러 단계를 거치는 일이나 절차를 '일시적으로'[8] 저장할 때 사용하는 기능이라고 말할 수 있다.

　작업기억은 종종 단기 기억과 혼동되곤 하는데, 그 둘은 기능이 다르다. 단기 기억이 정보의 저장에 관한 기능이라면, 작업기억은 정보의 활용에 관한 기능이다. 작업기억은 의사결정을 돕고 순간의 선택을 이끈다. 당신이 다음에 해야 할 일을 기록하는 머릿속 노트 정도로 생각하면 될 것이다. 그러나 ADHD인의 머릿속에는 다음 계획을 적어놓을 깨끗한 노트와 펜이 없다. 우리의 노트는 우리가 다음 단계에 해야 할 일을 미처 확인하기도 전에 사라져버리는 잉크 패드와도 같다.

　ADHD 두뇌는 일을 단계별로 차근차근 진행하기가 어렵고 특히 한 단계에서 다음 단계로 넘어갈 때 다른 생각이나 외부 자극으로 인해 주의가 쉽게 분산된다. 사물함의 문을 닫지 않고 돌아서거나, 자동차 지붕에 커피가 담긴 텀블러를 올려놓고 출발하거나, 방에 왜 들어왔는지 잊어버리는 일이 잦은 사람이라면, 작업기억에 문제가 있는 것일 수 있다. ADHD 두뇌는 첫 번째 임무를 완수하기 위해 거쳐야 하는 단계들을 다 파악하기도 전에, 다음 단계로 넘어가는 것을 좋아한다.

　ADHD인은 너무 여러 단계를 거쳐야 하는 일을 회피한다. 회원에게 음식을 가져다주어야 하는 상황에서 내가 그토록 당황했던 건 바로 그런 이유 때문이었다. 우리는 정보를 붙잡고 있기 위해 추가적인 노력을 해야만 하고, 아마도 그래서 주의가 분산되거나 방해받을 때의 짜증을 피하려고 알게 모르게 일을 미루고 있을 것이다. 이메일 비밀번호 재설정 작업을 마칠 때까지 해야만 하는 일을 기억하는 것조차 우리에겐 버겁다. 전송된 코드를 입력하려고 메일함을 여는 순간 메일함의 메일들이 우리의 주의를 분산시키기 때문이다. 다음 단계로 넘어가기 위해 기다리는 동안 우리의 뇌는 애초에 무얼 하고 있었는지를 새카맣게 잊는다.

　형편없는 작업기억은 ADHD인이 일상에서 저지르는 온갖 만행의 주범인 것은 물론이고, 근무 중에 우리가 경험하는 수많은 좌절감과 어려움의 원인이기도 하다. 취약한 작업기억으로 인해 ADHD인에게 유독 어려운 일들이 있다. 이를테면 다음과 같은 상황이다.

　당신은 내일 예정된 교육프로그램에 필요한 양식을 복사하기 위해 복사실에 간다. 막판까지 그 일을 미루지 않은 자신이 너무 대견하다.

복사기를 바라보면서, 멍청한 복사기를 켤 줄도 모르는 자신이 한심하다.

그때 인기척이 느껴져서 돌아보니 회계팀 동료가 와 있다.

당신은 동료에게 인사를 건네고 아이들 축구 경기에 관한 대화를 나눈다.

대화를 나누고 나서 자리로 돌아온 당신은 업무를 마무리한다.

다음 날 교육생들을 만나는 순간 당신은 양식을 준비하지 않았음을 깨닫는다.

당신의 시나리오는 조금 다를 수 있다. 그러나 모든 시나리오에 수치심과 좌절감이라는 공통분모가 있을 거라고 나는 확신한다. 우리의 작업기억은 일을 필요 이상으로 어렵게 만든다.

먹다 남은 닭고기 사건은 이미 오래전 일이고 이제 나는 그날을 생각하며 웃을 수 있다. 그 사건은 작업기억이 우리 일상에 어떤 영향을 미치는지를 보여주는 완벽한 사건이었다. 재미있는 사건이었지만 그보다 훨씬 덜 재미있고 심지어 위험한 상황도 있다. 음식을 만들고 나서 스토브를 끄는 것을 잊는다면 그건 웃을 일이 아니다.

작업기억을 향상시킬 수는 있지만, 이런 증상이 평생에 걸쳐 나타날 수 있다는 것이 우리가 처한 현실이다. 우리가 할 수 있는 일은 위험이 내포된 상황은 되도록 피하고 그 나머지 상황에 대해서는 연민을 갖거나 웃어넘기는 것이다.

잠시 생각해보기 바란다. 당신의 닭고기 사건은 무엇인가? 친구와 커피를 마시며 그 얘기를 해본 적이 있는가? 웃다가 커피를 코로 뿜었는가? 만약 그랬다면, 그런 사건의 불편과 창피함이 유머로 승화될 수 있음을 당신도 알 것이다. 부족한 작업기억의 엄청난 여파를 완화하기 위해 당신이 할 수 있는 일에 집중해라. 그 외 어쩔 수 없는 부분은 재미있는 얘깃거리로 승화하고 즐겨라.

형편없는 작업기억에 대처하는 방법

형편없는 작업기억은 일상에서 크고 작은 문제들을 일으킨다. 다행히 작업기억을 향상시키고 충격을 완화할 방법들이 있다.

숙면을 취하고 스트레스를 줄인다

수면 부족이 기억과 기억의 처리 속도에 상당히 부정적인 영향을 미친다는 사실은 이미 충분히 밝혀졌다. 〈수면 연구 저널 Journal of Sleep Research〉에 실린 2018년 연구에 의하면 하룻밤의 수면 부족만으로도 작업기억은 급격히 저하되고 특히 여성이 더 큰 타격을 받는 것으로 나타났다.[9] 완벽한 세상에서라면 누구나 매일 밤 여덟 시간을 푹 잘 수 있겠지만 서글프게도 대부분의 우리는 그럴 수가 없다. 따라서 작업기억이 평소보다 나빠졌다는 생각이 든다면 숙면을 최우선으로 생각하고 잠을 더 잘 방법을 모색해야 한다.

극도의 스트레스도 작업기억에 부정적인 영향을 미친다.[10] 극도의 스트레스 상태이고 건망증이 심해졌다는 생각이 든다면, 잠시 시간을 갖고 신경을 안정시킬 방법을 찾아라. 명상이나 마음챙김을 통해 스트레스를 완화하는 것도 좋고, 뜨거운 목욕, 산책, 애완동물이나 어린아이와 노는 일 등 마음을 안정시킬 만한 방법들을 찾아 시도해보는 것도 좋다.

전환 장치를 설정한다

하루를 어떻게 보내겠다는 선명한 그림이 있었다고 해도 어느 순간 정신을 차려보면 우리는 아무 생각 없이 이 일 저 일 오가며 허둥대고 있다. 나는 하루를 시작할 때 다음 단계로 넘어갈 때임을 알리는 장치를 설정해두곤 한다. 슬로우쿠커로 저녁 식사를 준비할 계획이라면 아침 회의를 마친 다음 슬로우쿠커를 꺼내 조리대의 잘 보이는 곳에 놓아둔다. 슬로우쿠커가 내게 저녁 식사 준비를 시작하라는 신호를 보낸다. 저녁 시간에 운동할 계획이 있다면 운동복을 책상 위에 올려놓는다. 하루를 시작하는 아침, 우리의 머리가 맑을 때 이런 식의 시각적 신호를 설정해두면, 작업기억으로 인한 어려움을 줄일 수 있다.

전환을 위한 미니 루틴을 만든다

일이 자동으로 처리되도록 미니 루틴으로 만들어두면 뇌가 경로에서 이탈하지 않을 확률이 높아진다. 하나의 작업에서 다른 작업으로 전환해야 할 때 주의를 분산시킬 수 있는 요소들은 너무도 많다. 작고 간단한 미니 루틴을 만들 기회를 찾아라. 미니 루틴은 인지적 낭비를 줄이고 작업기억을 높인다.

시각적 신호를 만든다

집 안 곳곳에 시각적인 신호를 만들어두면 한심해 보이긴 해도 실제로 도움이 된다. 먼저, 당신이 어려워하는 전환의 시간을 파악해라. 가장 빈번하게 경로에서 이탈하는 시간이 언제인지 확인해라. 그런 시간에 당신이 따르고 싶은 이상적인 절차를 도표로 만들어서 벽에 붙여두어라.

특정 상황에 참고할 수 있는 체크리스트를 만들어라. 확실한 지침을 만들어두면 여러 단계를 거쳐야 하는 일을 좀 더 수월하게 할 수 있다. 체크리스트를 코팅해서 책상 위에 두면 더 좋다. 코팅 기계야말로 사무실에서 쓰는 가장 재미있는 물건이라는 걸 우리 모두가 알고 있다. 앱이나 컴퓨터에 작성해놓은 체크리스트보다 물리적이고 재사용이 가능한 체크리스트가 잊어버릴 확률이 낮다.

연습: 이전 상자와 이후 상자 만들기

아침에 나갈 준비를 하는 게 어렵다면, 해야 하는 일을 시각적으로 보여주는 '루틴 상자'를 만들어보아라. 루틴 상자는 화장품, 세면도구, 약, 생활용품 같은 것을 '이전 상자'에 담아놓았다가 사용하고 나서 '이후 상자'로 옮겨놓는 단순한 방법이다. 이렇게 하면 데오도란트를 뿌렸는지, 마스카라를 했는지 곧바로 알 수 있게 되고 정신적 여유도 가질 수 있다. 다음의 그림을 참고해서 시작해보아라.

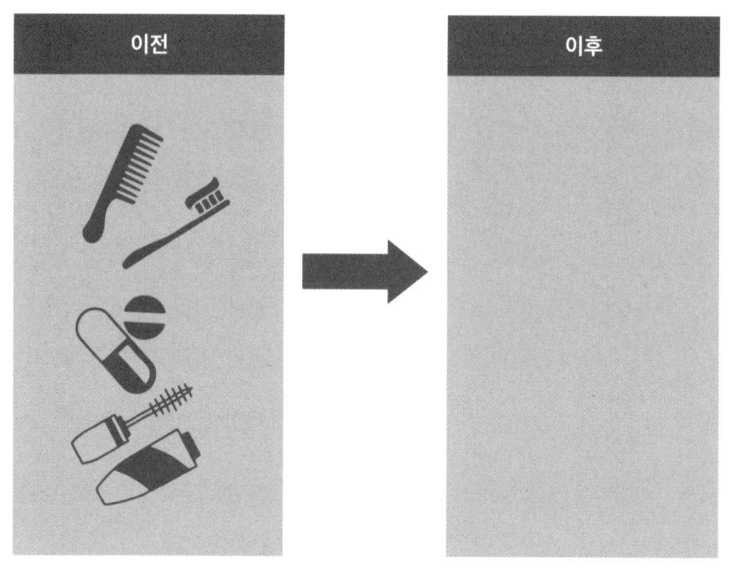

5

시간의 인지와 관리의 문제

나는 동네 수영장 입구에 서서 시계를 보면서 시간이 빨리 가기를 빌었다. 오전 8시 35분이었고, 수영장은 9시가 되어야 열었다. 이제 막 걷기 시작한 아이가 돌아다니고 싶어서 내 품에서 꼼지락거리며 칭얼거렸다. 둘째는 담장을 기어오르려 애쓰는 중이었고, 맏이는 내 옆에 서서 오만상을 찌푸리고 있었다. 맏이의 살기 어린 눈빛은 아마도 수영장에 오기 위해 엄마가 훈련 조교로 변신했었기 때문일 것이다. 아침 식사를 빨리 끝내라고 아이들을 심하게 다그쳤고, "책 내려놓고 신발 신어!"라고 소리를 질렀고, 누가 좀 수건을 수영 가방에 넣어달라고 절박하게 호소했다. 집을 나설 때의 이런 소란은 전혀 새로운 일이 아니었다. 어딘가에 제시간에 도착해야 한다는 압박감에 시달릴 때마다 등장하는 이런 내 모습이 마음에 안 들어서 나는 외출을 끔찍이도 싫어했다.

엄마들이라면 너무도 잘 아는 죄책감을 느끼며 내가 맏이를 쳐다보았다. 그때 맏이가 내게 물었다. "엄마, 우린 왜 항상 이렇게 일찍 와요? 기다리는 거 너무 짜증 나요." 아이의 말이 나의 죄책감을 더욱 자극했지만 한편으로는 잠시 생각해보게 되었다. 우린 왜 늘 너무 일찍 오는 걸까. 아침 내내 아이들을 다그치고 소리를 질러댔는데, 막상 도착해서 수영장 문이 열리기를 기다리며 또 20분을 씨름해야 하는 상황이 나에게도 썩 유쾌하진 않았다.

불필요하게 스트레스받는 상황을 만든 것에 대한 죄책감이 잦아들고 나니, 딸의 질문에 대한 대답이 조금 더 선명해졌다. 너무 일찍 도착하는 것은 아마도 나의 방어기제일 것이다. 나는 엉망인 상태로, 허둥대며, 늦게 도착하는 사람으로서 긴 세월을 살았다. 그 기분이 싫었고 아이들이 그런 스트레스를 겪는 것을 원치 않았다. 그러나 나는 은연중에 또 다른 형태의 스트레스를 만들고 있었다. 너무 일찍 도착하는 것은 내가 생각했던 것과는 달리 나에게 도움이 되지 않았다. 나는 여전히 소중한 시간을 낭비하고 있었고 목적지에 도착해도 전혀 마음이 편하지 않았다.

나의 시간 관리 능력이 이토록 엉망인 이유를 알 수 없었다. 그로부터 몇 년이 지난 뒤에야 ADHD 진단을 받았고 시간에 대한 나의 유별난 태도를 비로소 이해할 수 있었다.

여덟 살 된 딸이 내게 따지기 전에는 살짝 짜증스럽긴 해도 너무 일찍 도착하는 습관이 내 삶에 어떤 영향을 미치는지 깨닫지 못했다. 그날 딸의 반응을 떠올릴 때마다, 아이들이 말을 공손하게 가려 할 줄 몰라서 참 다행이라는 생각이 든다. 덕분에 나는 시간에 관한 나의 태도를 되짚어볼 수 있었다. 결국 나는 피하려 했던 상황을 오히려 초래하는 작전을 쓰고 있었다. 내가 피하려 했던 것은 허둥지둥 늦게 도착할 때 느끼는 혼란과 창피함이었다.

요즘도 나는 모든 장소에 항상 정시에 도착하진 못한다. 과집중이 나의 머릿속에서 일정을 완전히 지워버릴 때도 여전히 있지만, 그래도 이제는 좀 다르다. 몇 분 늦게 도착하면 사과하고, 늘 그랬던 것처럼 드라마를 쓰지 않고 다음 단계로 넘어간다.

그러나 여기서 반드시 이해해야 할 중요한 사실이 있다. 시간과의 관계를 개선하기 전에, 그것이 극복해야 할 성격적 결함이라는 생각을 버려야 한다. 우리의 뇌는 신경전형인들과는 전혀 다른 방식으로 시간을 개념화한다. 따라서 우리가 "미루기쟁이"라거나 "신경을 좀 썼으면 제시간에 도착했을 텐데"와 같은 얘기는 버려야 한다. 그런 식의 자기비판에 휩싸이면 이 어려움을 창의적으로 이겨낼 수 있는 해결책이 보이지 않는다. 우리의 뇌는 시간을 다른 방식으로 처리한다. 따라서 우리에겐 다른 방식의 접근이 필요하다.

시간실인증이란 무엇인가?

시간과의 관계에 대해 많은 ADHD인들이 가장 잘못 알고 있는 점이 있다면, 그것을 '관리'의 문제로 보는 것이다. 물론 그런 면도 있지만 생물학적 요인도 있다. 시간에 관한 잘못된 인식은 종종 시간인식불능증, 즉 '시간실인증 time agnosia'으로 일컬어지는데, 시간의 흐름을 개념화하지 못하는 것을 뜻하는 말이다. 우리는 종종 시간의 흐름을 느끼지 못하고 어떤 일에 시간이 얼마나 걸릴지 파악하는 것에 어려움을 느낀다. 시간실인증은 뇌의 전전두엽에서 도파민과 노르에피네프린이라는 신경전달물질의 불균형으로 인해 나타나는 현상으로 알려져 있다. 전전두엽은 생각, 감정, 행동을 관장하는 곳으로 ADHD의 영향을 받는 것으로 나타났다.[11]

시간실인증은 시간을 정확하게 지키는 것만 방해하는 게 아니다. 일상적 생산성에도 영향을 미친다. 대부분의 ADHD인은 세 가지 시간 관리 모드를 갖고 있다. '이거 하나만 하고' 모드, '기다림' 모드, '시간이 존재하지 않는' 모드, 이렇게 세 가지다.

— '이거 하나만 하고' 모드

시계를 보니 십 분 뒤 회의에 참석해야 한다. '메일을 작성할 시간은 분명히 있어'라고 생각한다. 그러다가 어느 순간, 동료들이 회의실에서 기다리고 있다는 연락을 받고 정신이 번쩍 든다. '이거 하나만 하고'의 덫에 또 걸려든 것이다. 우리는 일에 동력이 붙은 느낌을 좋아하고 다른 일로의 전환에 어려움을 느낀다. 때로는 시간 약속을 어기고라도 몇 가지 일을 더 끼워넣어 그 동력을 유지하려 한다. 이러한 행동은 고질적으로 나타날 수 있는데, 결과적으로 지각이 잦아지거나 정시에 도착하더라도 기진맥진한 상태로 도착하게 된다. 다른 사람의 시간을 존중하지 않아서 그러는 게 아니다. 어떤 일을 끝내기까지 시간이 얼마나 소요될지 가늠하는 게 우리에겐 너무 어렵기 때문이다. '이것 하나만 하고' 모드는 내적 혼란을 유발하고 결국 우리는 늘 숨이 턱까지 찬다. 그 느낌이 영 별로이다 보니 그 기분을 피하고 싶어지고, 그러다 보니 과잉 교정을 하고, 과잉 교정이 다시 끔찍한 '기다림' 모드로 이어지는 것이다.

— '기다림' 모드

오늘 일정이 오후 4시에 상사와 회의하는 것뿐이라면, 하루 종일 당신은 얼마나 많은 일을 할 수 있는가? 별로 많이 하지 못할 거라는 게 나의 짐작이다. 오랜 세월 중요한 일정을 앞두고 매번 허둥대고 탈진하다 보니, 대부분의 우리는 그 기분을 피하기 위해서라면 무슨 짓이든 한다. 중요한 일정을 놓치고 싶지 않고, 그래서 새로 일을 벌이기가 두렵다. 우리는 과집중의 유혹에 빠지는 것이 두렵고 그래서 주의를 빼앗길 수도 있는 일은 전부 다 피한다. 어떤 일에 얼마만큼의 시간이 걸리는지 가늠하지 못한다는 사실을 알기에, 아예 시작을 안 해버리는 것이다. 감정조절이 어렵다는 사실도 기다림 모드를 유발하는 요인이다. 우리의 일정이 긴장되거나 흥분되는 일이라면 더더욱 그렇다. 우리의 감정은 때로 너무 격해질 수 있고 해야 하는 일로부터 우리의 주의를 완전히 빼앗는다. 그래서 우리는 그저 기다린다. 소소한 일들을 하며 하릴없이 서성거리거나, 멍하니 휴대전화 화면을 넘기면서, 너무 재미있는 일은 피하려 애쓴다. 그러지 않으면, 우리에게 너무도 익숙한 '시간은 존재하지 않아' 모드로 빠져들기 때문이다.

— '시간은 존재하지 않아' 모드

과집중 상태일 때 나타나는 모드로, 이 상태에 접어들면 시간의 흐름을 비롯한 우리 주위에서 일어나는 모든 일들이 아득히 멀어진다. 우리는 과집중으로 인해 밤을 새우기도 한다. 인터넷의 토끼굴에 빠졌다가 잘 시간이 한참 지난 것을 깨닫고 화들짝 놀라기도 한다. 회의나 약속 같은 시시한 일로 과집중이 깨지는 것도 짜증스러운 일이라 그런 기분을 유발하는 일은 아예 다 피하는 것으로 과잉 보상한다. 이런 과집중 상태일 때가 시간실인 증이라는 말에 딱 들어맞는다.

시간실인증의 영향

때로 시간실인증은 일을 미루는 모습으로 위장하여 나타나기도 한다. 가장 최근에 시간이 없다고 생각하며 몇 달을 미루었던 일을 떠올려보기 바란다. 마침내 그 일을 끝냈을 땐 어땠는가? 아마 생각보다 훨씬 짧은 시간이 걸렸을 것이다. 그다음엔 어땠는가? 그렇게 오래 그 일을 미룬 자신을 책망하진 않았는가? 시간실인 증은 그런 식으로 ADHD인으로서 우리의 자신감을 무너뜨리고 수치심을 유발한다.

시간실인증은 일을 너무 많이 벌이는 양상으로 나타나기도 한다. 작업 시간을 가늠하지 못하기 때문에 실제 가능한 것보다 더 많은 일을 할 수 있다고 생각한다. 그러다 보니 툭하면 잊어버리는 사람 혹은 믿을 수 없는 사람으로 인식되기도 한다. 실제로는 단지 우리 자신의 능력을 가늠하지 못해서 그런 것뿐인데도.

모임이나 일정에 늦는 것과 같은 시간실인증의 명백한 양상은 친구나 가족에게 짜증을 유발할 수 있다. ADHD를 가진 학부모 중 상당수는 아이를 등교 시간이나 행사 시간에 맞춰 데려가는 것에 어려움을 느낀다. 신경전형인에게도 결코 쉬운 일은 아니지만, 부모에게 ADHD가 있고 아이에게도 신경 발달상의 장애가 있다면, 시간을 맞춘다는 것은 거의 불가능해진다. 가족이나 친구들은 시간 관리를 못 하는 우리가 무례하다고 생각할 수도 있겠지만 우리가 그런 식으로 행동하는 데에는 이유가 있다. 시간과의 관계가 껄끄러운 이유를 제대로 이해한다면, 직장에서나 가정에서 좀 더 편안해질 해결책을 찾기가 좀 더 수월해질 것이다.

시간을 선명하게 보기 위한 방법

우리 커뮤니티의 회원 테레사는 시간 관리에 도움이 되는 몇 가지 방법을 사용하고 있다. "시간실인증은 나에게 매일 영향을 미쳐요. 아침에 신문을 읽다 보면 너무 몰입하게 되거든요. 그래서 출근 준비를 시작해야 할 시간에 알람을 맞춰둬요. 안 그러면 지각하니까요. 그런데도 여전히 출발 10분 전에 허겁지겁 옷을 입고 어쩔 땐 양치하는 것도 잊어요. 준비를 마치고 집을 나서야 할 시간은 물론이고 오후 일정을 알려줄 알림도 설정해야 해요." 테레사가 말한다.

안타깝게도 약속 시간에 절대 늦지 않거나 너무 일찍 도착하지 않을 묘수는 없다. 이 장에서 제안하는 모든 방법을 동원해도 한 사람의 인간일 뿐인 당신은 실수를 저지를 것이다. 여전히 새로운 관심사에 완전히 마음을 빼앗기고 중요한 일정을 잊을 것이다. 여전히 과잉 보상을 하고 여전히 약속 장소에 필요 이상으로 일찍 도착할 것이다. ADHD가 있건 없건, 인간인 이상 매번 잘할 수는 없다. 그러니 부디, 시간에 관한 습관을 재정립하는 과정에서 자신에게 약간의 인내심과 너그러움을 베풀어라. 우리의 목표는 나아지는 것이지, 시간을 완벽하게 관리하는 것이 아니다.

시간의 표면화

시간 관리를 표면화하는 것이야말로 시간 관리 능력을 개선하는 가장 효율적인 방법 중 하나다. 놓치고 있는 부분이 없는지 확인하기 위해 누군가와 시간에 관해 얘기를 나누어보는 것도 좋다. 예를 들어, 구글 지도가 약속 장소까지 15분이 걸린다고 말하면, 당신의 뇌는 약속 시간 15분 전에 출발하면 된다고 말할 것이다. 누군가에게 그 얘기를 하다 보면 길을 찾거나 주차하는 시간까지 고려해야 한다는 사실을 떠올릴 수 있다. '너무 일찍 도착하는' ADHD인에게도 좋은 방법이다. 다른 사람과 일정을 말로 공유하는 것은 자신이 과잉 보상하고 있진 않은지 확인하는 데에도 도움이 된다.

비주얼 타이머 같은 도구도 도움이 된다. 시간을 설정해놓으면 서서히 줄어드는 시간을 볼 수 있기 때문이다. 휴대전화의 타이머도 도움이 될 수 있지만, 다른 일에 정신이 팔려 타이머를 꺼놓고 그게 울렸다는 사실조차 잊어버리기가 쉽다. 비주얼 타이머를 사용하면 전환이 이루어져야 할 때 시간의 흐름을 볼 수 있다. 나는 개인적으로 주방에, 욕실에, 그리고 책상 위에 비주얼 타이머를 놓아둔다. 시간 관리에서 가장 큰 구멍이 있는 장소들이다.

해야 할 일의 단계들을 기록해보는 것도 시간을 표면화하는 훌륭한 방법이다. 생각하고 있는 단계들을 머릿속에서 꺼내어 종이에 옮겨놓으면 실질적인 방법들을 좀 더 선명하게 볼 수 있다.

시간 추적하기

끊임없이 '이거 하나만 더' 할 시간이 있다고 자신을 설득하는 사람에게 도움이 되는 방법이다. 도움이 되는 시간 관리 앱들이 나와 있고 펜과 종이를 이용한 구식 방법도 있다. 예를 들어 당신이 늘 지각하는 사람이라면, 며칠 동안 출근 준비에 필요한 시간을 파악해보기 바란다. 경고하는데, 절대 편법을 쓰지 마라. ADHD인이 경쟁심이 대단한 사람들이라는 걸 알지만, 이것은 빨리 준비해야 이기는 게임이 아니다. 평상시 수준으로 할 일을 하면서 준비를 시작해야 할 시간, 집을 나서야 할 시간, 그리고 직장에 도착하는 시간을 기록해라. 며칠간 그렇게 해보면 실제로 시간이 얼마나 걸리는지 조금 더 의식할 수 있다. 또한 제시간에 회사에 도착하려면, 아침에 잡동사니로 가득 찬 서랍을 정리할 시간이 없다는 증거를 당신의 뇌에 제공할 수 있을 것이다.

시간 상자 활용하기

시간 상자는 시간과의 관계를 개선하는 또 하나의 방법이다. 일정 시간을 비워놓고 그 시간을 특정한 일에 할당하는 간단한 방법이다. 예를 들면 이런 식이다. "9시부터 9시 30분 : 블로그 포스팅 작업." 이렇게 해두면 긴박감을 조성하여 뇌에 약간의 동기를 부여할 수 있다.

시간 상자의 목표는 어떤 일을 끝내건 못 끝내건, 그 일에 사용할 시간을 정해놓는 것이다. 반드시 끝내야 하는 프로젝트에는 적합하지 않을 수도 있지만, 기한이 열려 있는 프로젝트에는 유용하다. 어떤 일에 사용할 시간을 미리 할당하면 뇌가 갈구하는 긴장감을 조성할 수 있다. 시간을 조금만 할애하면 된다고 생각할 때 하기 싫은 일도 좀 더 편안하게 시작할 수 있다. 투자하는 시간이 미미하더라도 그 시간은 누적될 것이고, 내키지 않는 일을 시작하는 것도 좀 더 수월해질 것이다.

시간 상자는 토끼굴과 과집중을 피하는 데에도 도움이 된다. 일주일에 몇 차례 시간 상자를 이용하다 보면, 시간을 가늠하고 하루를 계획하는 능력이 향상된다. 도움이 되는 앱을 사용해보는 것도 좋고 일정표에 수작업으로 시간 상자를 만드는 것도 좋다.

'기다림' 모드 원인 파악하기

기다림 모드가 언제, 왜 시작되었는지 확인하는 것만으로도 큰 변화를 일으킬 수 있다. 먼저, 당신의 주의를 빼앗아 꼼짝 못하게 만드는 게 무엇인지 파악해라. 회의를 놓치거나 지각하는 것에 대한 두려움처럼 단순한 것인가? 만약 그렇다면 새로운 일을 시작하는 것을 뇌가 좀 더 편하게 받아들일 수 있도록 여러 개의 장치를 만들어라. 예를 들어 화상회의에 로그인하는 시간을 놓치는 것이 걱정된다면, 비주얼 타이머를 컴퓨터 옆에 두어라. 그렇게 하면 시간의 흐름이 보이고 시간을 놓치지 않을 거라는 자신감이 생긴다.

하루 종일 당신의 주의를 빼앗고 있는 회의로 인해 온갖 감정이 밀려들기 때문인가? 만약 그런 상황이라면, 그런 회의는 되도록 이른 시간으로 잡아놓고 그로 인해 유발된 감정들을 소화하고 조절하기 위해 이후 시간을 비워두어라. 회의 일정을 조정하는 것이 불가능하다면, 그리고 오후 3시 근처의 어떤 일정 때문에 신경이 곤두서 있다면, 그 전략을 역으로 이용해보아라. 약속 시간이 다가올 때, 몸을 움직이는 일이나 명상처럼 신경을 안정시킬 수 있는 일들을 해라. 가능하다면 인지적 부담 없이 할 수 있는 단순한 일이나 집안일을 선택하는 것이 좋다.

기다림 모드의 폐해를 최소화하는 가장 좋은 방법은, 하루의 마지막 일정으로 잡았을 때 온종일 당신을 마비시키는 일이 무엇인지 파악하는 것이다. 통제할 수 있는 일정은 당신에게 맞는 시간대로 옮기고 그럴 수 없는 일에 대해서는 자신에게 너그러워져라.

시간에 대해 유연해지기

사람들을 실망시키는 느낌이야말로 시간실인증의 가장 고통스러운 일면이다. ADHD인 역시 기다리는 것을 좋아하지 않고, 따라서 우리가 약속 시간에 늦게 도착했을 때 그게 얼마나 화가 나고 짜증 나는 일인지 잘 알고 있다. 시간은 우리에게 너무도 어려운 영역이다. 따라서 우리가 느끼는 어려움에 대해 사람들과 소통하고 해결책을 찾으려는 노력은 많이 할수록 좋다. 친구들과 약속을 잡을 때 발상의 전환을 시도해보기 바란다. 퇴근 후 친구를 만날 예정인데 일을 마무리하는 데 필요한 시간을 가늠할 수 없다면 새로운 방법을 모색해라. 이번만은 다를 거라고 믿고 싶은 욕구를 떨쳐버리고 어떤 방식으로 소통하면 좋을지 생각해보아라. "다섯 시에 만나"라고 말하는 대신, "내가 항상 다섯 시에서 다섯 시 반 사이에 퇴근하거든. 회사에서 출발하면서 문자 보내도 될까?"라고 말해보아라. 그렇게 하면 당신의 친구는 당신이 언제 나타날지 모르는 막막한 상태로 식당에서 기다릴 필요가 없다.

시간실인증으로 인해 직장에서 문제를 일으키고 있다면, 도움을 받는 것도 고려해보기 바란다. 신뢰하는 동료가 있다면 회의 전에 미리 알려달라고 하거나 회의에 가는 길에 들러달라고 부탁해라. 그들에게 당신이 잘하는 영역에서 돕겠다고 제안해라. 약점을 숨기거나 외면하는 것을 멈추고 우리의 장점으로 다른 사람을 돕는다면 우리 모두에게 이득이 된다.

우리가 시간 관리에 어려움을 느끼는 것은 ADHD 때문이지만, 우리에게도, 다른 사람들에게도 그것을 핑계로 사용하는 것은 좋지 않다. 이해하고 소통하고 시간 관리 도구들을 사용한다면, 우리의 삶에, 그리고 사랑하는 사람들과의 관계에 미치는 악영향을 줄일 수 있다.

연습: 시간 추적표

시간 추적표를 활용하여 시간을 관리하고 지각을 피한다.

★
시간 추적표

다음의 표를 이용하여 일상의 일들을 처리하는 데 걸리는 시간을 파악해라. 어떤 일을 어느 시간대에 하는 것이 적절한지 개념화하는 데 도움이 된다.

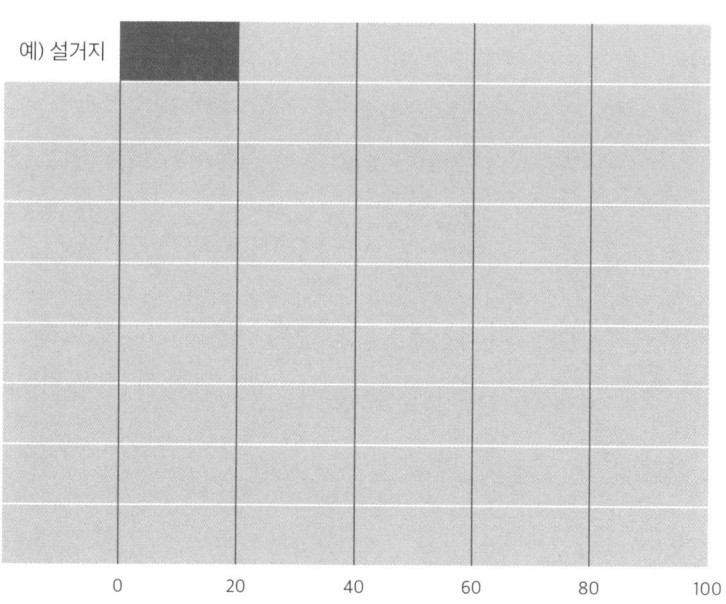

6

과잉 자극

"대학 졸업식 때 연사가 욕했던 거 기억나?" 친구가 내게 물었다.

"아…… 기억 안 나는데." 내가 말했다.

"스미스 교수님한테 우리가 퍼즐을 한 조각씩 드려서 교수님이 주머니에 불룩하게 넣고 있었던 건?"

"그것도 기억 안 나."

대학 친구들이 졸업식을 떠올리며 대화를 이어갈 때, 졸업식과 관련해서 내가 기억하는 게 과연 무엇인지 생각해보았다.

의자가 얼마나 딱딱했는지는 기억했다. 목 뒤에 닿던 졸업 가운의 감촉이 얼마나 까칠까칠했는지도 기억했고 내 몸에서 탈출하고 싶었던 것도 기억했다. 정면에서 에어컨 바람이 불어와 빠져나온 머리카락 몇 개가 코를 간질여서 묘하게 불편하고 화가 났던 것도 기억했다. 조명은 너무 밝았고 주위는 너무 시끄러웠고 옷은 너무 불편했다. 뛰쳐나가고 싶다는 생각뿐이었다. 전부 다 빨리 끝났으면 좋겠다고 생각했다. 그런데 친구들은 그런 얘기를 듣고 싶지 않을 것 같았다. 그래서 나답지 않게 잠자코 있었다.

대화에 끼어들 기회를 계속 노렸지만, 기억나는 게 거의 없어서 당혹스러웠다. 나는 뛰어난 장기 기억력에 자부심을 느끼고 있었다. 8학년 때 가장 친한 친구를 처음 만나던 순간 내가 무슨 옷을 입고 무얼 하고 있었는지도 정확히 기억했다. 내 삶의 중요한 사건들에 대해 사람들이 감탄할 정도로 상세하게 기억했다. 그런데 대체 왜 졸업식에 대해서는 나의 모든 감각이 끔찍할 정도로 공격당한 것 같은 기분 말고는 기억나는 게 하나도 없을까?

친구들이 얘기하는 동안 나는 친구들을 따라 웃으면서, 나를 제외한 모두가 공유하는 추억을 떠올리며 즐거워하는 척했다. 그러나 그 웃음 속에는 이번에도 나만 친구들과 다르다는 수치심이 깔려 있었다.

당신도 이런 경험을 한 적이 있는가? 당신은 행사장에서 꼭 '바람 쐬러' 나가야 하는 그 사람인가? 당신도 나처럼 새로 산 바지의 솔기가 간지러워서 하루 종일 집중을 못 하고, 빨리 집에 가서 고문에서 벗어나기만을 기다리는 사람인가?

이런 얘기를 듣는 게 좀 찔린다면, 당신도 외부 자극이 감각을 압도할 때 힘들어하는 사람일 것이다. 이것은 흔히 '감각 과부하sensory overload'라고 불리는 현상이다.

과잉 자극은 현재 ADHD 진단 기준에 포함되어 있지 않지만, 2019년 〈통합 신경과학 선도저널Frontiers in Integrative Neuroscience〉에 실린 한 논문에 인용된 여러 연구가 ADHD와 비전형적 감각 처리 방식 사이에 상관관계가 있음을 보여주었다.[12] ADHD를 가진 두뇌는 신경전형인의 두뇌처럼 감각을 걸러내기가 어렵다. 전형인의 두뇌의 경우, 전전두엽이 원치 않는 정보나 자극원을 억누르는 것을 돕는다.[13] ADHD 두뇌가 이 영역에서 보여주는 차이가 자극을 처리하는 과정에서 우리가 느끼는 어려움의 원인일 확률이 높다.

나는 이것을 두 가지 다른 종류의 '주방용 체'에 비유하곤 한다. 신경전형인 두뇌는 구멍이 작은 체와 같다. 구멍을 통과하는 건 물밖에 없다. ADHD 두뇌는 구멍이 큰 체와 같다. 물도 통과하지만 파스타를 비롯한 다른 식재료들도 통과한다. 우리가 의도한 것보다 더 많은 것이 통과하는 것은 물론이고 큼직한 구멍으로 순식간에 빠져나온다. 우리의 뇌는 그것들을 전부 다 처리하려 애쓰지만 결국 완전히 압도당하고 만다.

우리 커뮤니티의 회원 조는 자신의 경험을 이렇게 설명했다. "식당 같은 곳이 내겐 가장 자극적인 장소예요. 사람들이 떠드는 소리 때문에 상대방 말에 집중할 수가 없어요. 그 소음을 걸러내지 못하는 거죠. 주방 도구나 유리잔이 달그락거리는 소리, 커피 머신 소음, 의자가 바닥 긁는 소리, 어린아이가 우는 소리 등등. 게다가 온갖 냄새들, 환한 조명이나 반사된 햇빛, 딱딱하고 불편한 의자까지. 거기다 음식까지 골라야 하잖아요. 압도감이 너무 심해서 어쩔 땐 토할 것 같아요."

ADHD인은 종종 높은 강도로 듣고, 냄새 맡고, 느끼는 것으로 알려져 있다. 그래서 시험을 볼 때 누군가 연필로 책상을 두드리는 소리가 들리면 오직 그 소리만 생각하게 되고, 시끄럽고 냄새나고 환한 방에 있으면 불안하고 초조해진다. 자극을 과도하게 느끼는 성향은 단순히 짜증만 돋우는 게 아니라, 우리의 습관, 행동, 인간관계에 엄청난 영향을 미친다.

걸러내지 못하는 체의 독특한 장점

때로는 신경전형인의 투과 장치가 부럽다. 감각의 둑을 유지하고 과잉 자극을 받지 않기 위해 엄청난 노력을 쏟아부어야 하는 게 피로하게 느껴진다. 외부 자극에 너무 압도당할 것이 걱정돼 나는 많은 초대를 거절했고 행사에 빠졌다. 그러나 신경전형인보다 많은 것을 투과하는 여과장치를 가진 사람 특유의 장점도 있다. 예를 들어 친구와 함께 길을 걸을 때, 나는 자주 "조심! 뒤에 오토바이 있어!"라고 말한다. 자전거, 새, 다람쥐를 대체로 내가 가장 먼저 알아차린다. 나는 자주 대화에서 옆길로 새는 사람이지만, 우리를 둘러싼 모든 것에 민감하고, 우리를 안전하되 호기심 어린 상태로 유지하는 사람이기도 하다.

많은 ADHD인은 자신이 남들이 보지 못하는 두 점을 연결하는 데 뛰어나다고 말한다. 허술한 여과장치 덕분에, 우리는 신경전형인보다 '분위기 파악'에 뛰어나다. 자극의 한계점을 관리하고 보다 안정감을 유지하는 방법을 배운다면, 우리의 독특한 ADHD 두뇌가 지닌 재능을 더 멋지게 발휘할 수 있을 것이다.

뇌가 공격당할 때 대처하는 방법

과잉 자극은 아동의 경우 자주 논의되지만, 성인이 되면 사라지는 것으로 여겨져 논의가 축소된다. 성인이 되면 과잉 자극에서 벗어날 수 있다는 믿음이 지배적이다. 그러나 당신이 옷에 붙어 있는 상표를 전부 다 떼어야 하는 아이였다면, 아이들을 데리고 시끄럽고 북적이는 상가에 다녀왔을 때 설명할 수 없는 이유로 탈진하고 압도감을 느끼는 엄마가 되어 있을 것이다. 결국 ADHD를 가진 아이는 ADHD를 가진 성인이 되기 때문이다. 자극을 다스리는 방법을 터득할 수는 있겠지만, 많은 성인이 여전히 과잉 자극으로 인한 어려움을 겪고 있다.

성인 ADHD인들은 자극에 대처하는 능력이 평생에 걸쳐 서서히 감소하는 완만한 하향곡선을 그리는 게 아니라, 오히려 환경, 건강, 나이, 심지어 호르몬에 따라 오르락내리락하는 기복을 경험한다고 말한다. 과잉 자극을 완전히 없애는 것은 불가능하지만, 우리 뇌를 위해 충분한 휴식을 취하고 과잉 자극의 여파를 잘 다스릴 수 있는 환경을 만들기 위해 노력하는 것은 가능하다.

생물학적 욕구를 돌본다

잠이 부족하거나 배가 고파서 화가 난 상태일 때, 우리는 일상에서 겪는 자극들을 잘 걸러내지 못한다. 초보 부모들이 그 느낌을 "건드리지 마", "말 걸지 마" 상태로 표현하는 것도 바로 그런 이유에서다. 수면 부족과 영양 결핍이 시끄러운 환경과 결합할 때, 우리의 감각은 빠르고도 극적으로 과부하에 걸린다. 감각이 압도당하는 장소가 가정이건 직장이건, 수면과 영양을 최우선으로 돌보았을 때 좀 더 잘 대처할 수 있다.

신호와 촉발을 알아챈다

당신만 아는 과잉 자극의 첫 신호를 알아차려라. 딱히 그럴 만한 이유가 없는데 살짝 짜증이 나는 순간일 수도 있다. 자리에 앉아 있는데 평상시보다 많이 뒤척이게 되고 무얼 해도 불편한 순간일 수도 있다. 초기의 경고 신호가 무엇이건, 충격을 완화하기 위해 선제적으로 행동을 취해라. 직장에서 그런 상황이 발생했다면, 밖으로 나가 바람을 쐬어야 할 수도 있다. 아이들과 집에 있을 때라면, 잠깐 아이들에게서 벗어나 심호흡을 해보는 것도 좋다. 감각이 압도당하는 순간을 빨리 알아차릴수록, 감각 과부하로 인한 대혼란을 피할 확률도 높아진다.

자극의 '독'을 관리한다

푹 자고 난 다음 날 하루를 시작할 때 ADHD인의 인내심은 건전한 은행 계좌에 비유할 수 있다. 통제할 수 없는 상황에서 하루를 보내면서, 당신은 다양한 액수의 현금을 인출한다. 칸막이 사무실의 형광등 불빛 아래에서 보낸 몇 시간은 몇 달러 인출에 그칠 뿐 당신을 파산에 이르게 하진 않는다. 그러나 학회에서 정신없이 하루 종일 시간을 보냈다면, 잔고가 바닥날 수 있다. 만약 당신 앞에 놓인 하루 일정이 인내심 계좌를 바닥낼 것 같다면 전날 밤 복잡한 가라오케 술집에 가는 건 좋은 선택이 아닐 것이다. 친구와 함께 무대 위에서 노래를 부르고 싶은 유혹을 도저히 떨쳐낼 수 없다면, 그날 돈을 벌 수 있는 다른 방법을 생각해보아라. 충전을 위해 추가 휴식을 계획하는 것도 좋다. 시간을 내어 시원한 바람을 쐬거나, 명상을 하거나, 잠시 소음에서 벗어나는 것이 만약의 사태를 대비한 추가 금액을 넣어두는 데 도움이 된다. 과다 인출을 피할 방법을 생각하는 습관이야말로 이 상황을 해결하는 열쇠다.

감각적 요구를 돌본다

언젠가는 낙원에 살았으면 좋겠다. 아이들은 언제나 평온하고, 직장은 휴양지처럼 평화롭고, 입고 있는 옷은 항상 보드랍고…… 그렇게 편안한 낙원에 살았으면 좋겠다. 나는 감히 말하고 싶다. 그날이 올 때까지, 최고의 수호자가 되어서 당신의 감각적 요구를 돌보라고.

몇 주 동안 아무도 사용하지 않는 빈 회의실이 있다면, 조용히 집중해야 할 때 그곳을 사용해도 되는지 확인해라. 친구들과 저녁 약속을 할 때 늘 하던 대로 "아무 데나 상관없어"라고 말하지 말고 조용한 식당을 제안해라. 당신의 감각적 요구에 맞는 환경을 이해하고 그 환경을 유지한다면 일상에서 좀 더 통제감과 안정감을 느낄 수 있을 것이다.

도구를 활용한다

직장에서나 일상생활 속에서, 앞에서 언급한 방법을 사용할 수 없는 경우는 너무도 많다. 시끄러운 동료 때문에 회사를 그만둘 수도 없고, 우는 아기를 피해 몇 시간을 숨어 있을 수도 없다. 다행스러운 것은, 이상적이지 않은 상황에서 ADHD를 가진 성인들이 좀 더 잘 대처할 수 있도록 돕는 신제품은 날마다 출시되고 있다. 소음 차단 헤드폰은 주변이 어수선하거나 시끄러울 때 훌륭하다. 대화는 들을 수 있지만 소음을 줄여주는 이어플러그도 출시되었다. 이러한 도구는 감각의 임계점에 도달하기 훨씬 전에 나의 계좌를 채워준다.

자극이 최고치에 달할 때 내가 사용하는 가장 훌륭한 도구는 묵직한 이불이다. 이불의 묵직함이 안정감을 주고 나의 감각을 누그러뜨린다. 우리 가족은 묵직한 이불이 상당히 효과적이라는 사실을 깨달았고 가족 다섯 명 중 네 명이 묵직한 이불을 덮고 잔다. 가족여행을 떠날 때 이불도 차에 싣고 간다.

리셋 버튼을 누른다

과잉 자극 상태를 피하려고 아무리 노력한다 해도 부지불식간에 과잉 자극을 겪는 것은 피할 수 없다. 당신의 회복에 도움을 주는 방법은 분명히 독특할 것이고, 따라서 시도해볼 방법들의 목록을 작성해보는 것도 좋다. 심호흡이나 명상, 운동이 도움이 된다고 말하는 사람들도 많다. 마음을 편안하게 하는 방법들을 생각한 다음 적어보아라. 그리고 과잉 자극 상태일 때 쉽게 볼 수 있는 곳에 두어라.

연습: 자극 은행 대조표 만들기

✱
자극 은행 대조표

감각적 자극을 다스리는 능력에 도움이 되는 방법과 도움이 안 되는 방법들을 열거해보아라. 과잉 자극을 자주 겪는다면, 이 표를 보고 계좌의 잔액을 맞출 방법을 찾아라.

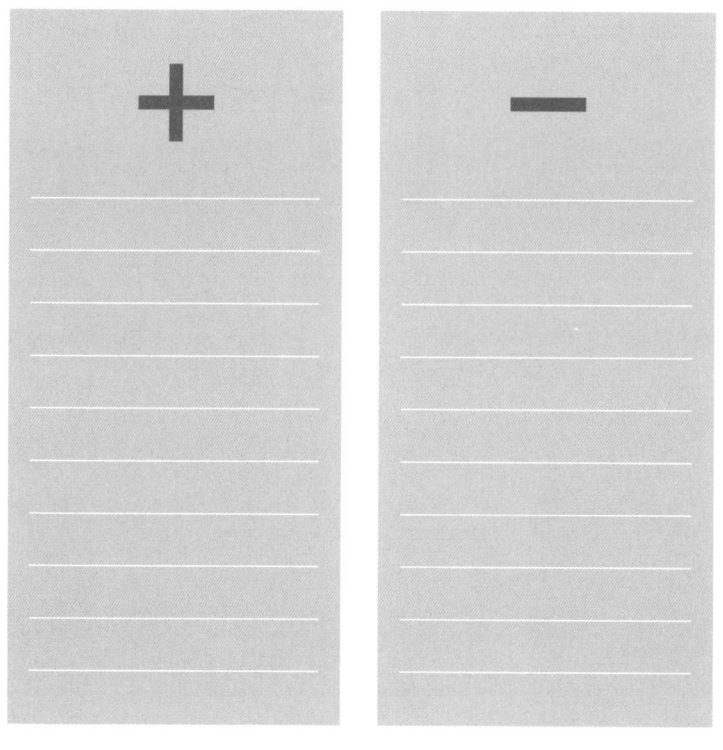

7

과소 자극

코로나 팬데믹의 두 번째 여름 어느 날 아침, 나는 평상시처럼 '팬데믹 아침 루틴'을 수행하고 있었다. 나는 일찍 일어나 달리거나 운동을 한다. 집에 돌아오면, 곧바로 물과 커피를 챙긴 뒤, 뒷마당의 내가 가장 좋아하는 장소로 향한다. 오전 9시가 지나 있으면, 휴대전화를 켜서 우리 지역의 코로나 감염자 수를 확인한다. 그다음 하는 일은 지역 페이스북에서 동향 그래프를 확인하는 것이다. 모든 정보를 확인한 다음 그 숫자가 무엇을 의미하는지 생각해보고 댓글들을 읽는다.

그날도 나는 격한 댓글들을 스크롤을 하며 읽느라 바빴다. 그러나 외면하려 해도 외면할 수 없는 한 가지 질문이 떠올랐다. "메러디스, 왜 아직도 그걸 보는 거야?" 논리적인 대답을 찾을 수 없다는 게 싫었다. 일상적으로 감염자 수를 확인해야 하는 시기는 이미 한참 지났다. 아이들은 학교로 돌아갔고 상점들도 일 년 전에 문을 열었다. 나는 건강과 관련 없는 분야의 일을 재택근무로 하고 있었다. 나는 통계학자가 아니었다. 감염자 수가 다시 치솟게 된다면 그 소식을 듣게 될 경로는 너무도 많았다. 그렇다면 나는 왜 일 년이 넘도록 집착적으로 숫자를 확인했던 걸까? 그게 나의 일과가 되어버린 걸까? 그건 아닌 것 같았다. 나는 잠시 나 자신을 분석하다가, 이내 그 질문을 밀어놓고 일을 시작했다.

몇 시간 뒤 아무 생각 없이 노트북을 켜고 재택근무로 하고 있던 일의 주간 회의에 로그인했다. 평상시처럼 날씨에 관한 소소한 대화를 나누고 나서, 나의 상사가 뜻밖의 소식을 전하며 회의를 시작했다. 앞으로 6개월 더 재택근무를 진행할 예정이라고 했다. 우리 팀 대다수가 안도하는 것 같았다. 심지어 흥분을 감추려 애쓰는 사람들도 있었다. 그러는 것도 당연했다. 재택근무로 전환되면서 우리의 일은 한결 수월해졌다. 그러나 동료들이 너무 좋아하는 티를 내지 않으려 애쓰는 동안, 나는 전혀 다른 감정을 억누르고 있었다. 영혼을 짓누르는 이 따분한 일을 앞으로 6개월이나 더 견뎌야 한다니, 실망스럽고 끔찍했다. 회의를 마치고 나서 그날 아침 확진자 수를 확인했던 뒷마당의 내 자리로 돌아가 방금 들은 소식을 찬찬히 생각해보았다. 팬데믹 기간에 나의 일은 큰 변화를 겪었다. 남들이 보기엔 아마 꿈의 직장일 것이다. 편하고 단순한 일이었다. 더구나 나는 세계 최고의 상사 밑에서 일하고 있었고 능력도 인정받았다. 스트레스도 거의 없었다. 내가 할 일이 없을 때도 있었다. 그런데도 그만둘 궁리만 하고 있으니, 그런 나 자신이 한심하다는 생각이 들었다.

나의 반응을 이해할 수 없었고, 그래서 '생각 쏟아내기'를 해보기로 했다. ADHD 코칭 프로그램에서 배운 방법이었다. 나의 생각을 글로 쓰기 시작했고, 조금 전 나 자신에게 했던 질문이 되돌아왔다. 마침내 나는 깨달았다. 그리고 하나의 단어를 썼다. '과소 자극understimulation'. 그제야 분명해졌다. 매일 확진자 수를 확인하는 것은 그 정보의 실제 필요 여부와 상관이 없었고 내가 발견하는 사실에 대한 기대로 인해 분비되는 도파민과 관계가 있었다. 숫자에 급격한 변화가 있을지, 혹은 댓글 창에서 어떤 드라마가 전개되고 있을지 알 수 없는 상태에서 나는 따분할 게 뻔한 하루를 시작하기 전에 어느 정도의 자극을 얻고 있었다. 과소 자극이 나에게 미치는 영향을 분명히 깨닫고 나니, 더는 외면할 수 없었다. '안락한' 직장을 그만두려는 나 자신에 대한 수치심은 덜해졌고 탈출을 계획할 힘이 생겼다.

ADHD 두뇌가 과소 자극에 취약한 이유

당신이 따분할 때 하는 온갖 민망한 행동들을 떠올려보기 바란다. 온라인 게시판에 사건이 터지면 지나치다 싶게 흥미를 갖는가? 일이 따분해지면 재미있는 대화를 엿듣게 되는가? 괜찮다. 솔직하게 말해도 괜찮다. 생각보다 많은 ADHD인이 공감할 테니까.

과소 자극이 말다툼을 일으키거나 공격적인 행동으로 표출되는 경우는 상당히 흔하다. 아동의 경우 놀이터에서 싸움을 걸거나 부모의 말에 사사건건 트집을 잡는 것으로 나타나기도 한다. 성인의 경우에는 페이스북 댓글을 보고 모르는 사람과 논쟁을 벌이거나 특별한 이유 없이 사랑하는 사람들에게 해묵은 불만을 터뜨리기도 한다. 이런 행동들이 매번 과소 자극으로 인한 것은 아니겠지만, 만약 다른 설명을 찾을 수 없다면, 도파민 생성 욕구가 범인일 수 있다.

도파민은 쾌감과 의욕을 고취하는 우리 뇌의 신경전달물질이다. 그러나 ADHD 두뇌는 도파민을 일반인과 다르게 처리하는 경향이 있다. 일과 일상에서 건강한 도파민의 분비가 충분치 않을 때, 우리의 뇌는 그것을 심각한 저자극 상태로 느낀다. 불행히도 나쁜 짓을 할 땐 기분이 좋기 때문에, 우리는 갈등을 유발함으로써 무의식중에 뇌를 활성화한다. 그렇다고 해서 우리가 사고를 치고 남에게 상처 주는 말을 하더라도 우리 책임이 아니라고 말하려는 건 아니다. 다만 당신이 도덕적으로 문제가 있는 사람이라 그러는 게 아닐 가능성도 고려해보라는 것이다. 어쩌면 당신의 그런 행동에 영향을 준 공모자가 오랜 세월 들키지 않고 잠복해 있었는지도 모른다.

과소 자극이 단지 신나거나 짜릿한 일을 저지르고 싶은 욕구로만 표출되는 건 아니다. 무관심 혹은 의욕 저하로 나타나기도 한다. ADHD인으로부터 내가 자주 듣는 말 중 하나가 바로 "답답하다"는 말이다. 스트레스가 심하지도 않고 업무량도 감당할 만한 수준이다. 그러나 무얼 해도 일할 의욕이 생기지 않는다. 당신이 하루를 시작하기 전에 소셜미디어를 훑어보는 사람이라면, 내 말을 이해할 것이다. 한 10분 정도 스크롤 좀 한다고 뭐가 문제인가 생각하겠지만, 10분으로 끝날 확률은 적다는 걸 우리는 알고 있다.

그렇다면 왜 우리 중 상당수가 할 일을 미루고 휴대전화만 붙들고 있을까? 게을러서일까? 아니, 이번에도 도파민 부족이 원인일 수 있다. 삶이 충분한 자극을 제공하지 않을 때 우리의 뇌는 무의식적으로 도파민과 재미를 찾는다. 소셜미디어를 훑어보는 행위는 슬롯머신을 당기는 행위와 유사하게 작동한다. 우리의 뇌가 살아 있고 활성화되는 기분을 느끼게 해줄 '잭팟 포스팅'를 찾기를 바라지만, 그렇게 몇 시간을 흘려보낼 수도 있고 결국 우리에게 도움보다는 피해를 준다.

가장 알아차리기 힘든 과소 자극 증상은 아마도 탈진일 것이다. ADHD인이 탈진하는 데에는 여러 가지 이유가 있다. 잠을 못 자고, 무리하고, 하루 일정을 관리하는 것에 어려움을 느끼다 보니 탈진할 수밖에 없을 것이다. 그러나 그것은 과소 자극으로 인한 피로는 아니다. 단지 '바빠 보였을' 뿐 딱히 한 일도 없었던 날 하루의 끝이 어떤 느낌이었는지 생각해보기 바란다. 오히려 지치고 무기력하지 않았나? 이번엔 엄청나게 머리를 쓰며 흥미로운 새 프로젝트에 몰입했던 바쁜 날을 떠올려보아라. 어땠는가? 시계만 보면서 생산적인 척했던 날보다 열 배는 더 활기가 넘쳤다고 해도 놀라운 일이 아니다.

'그럭저럭 괜찮았던' 날 우리가 느끼는 피로감은 다소 혼란스러울 수 있다. 아무리 쉬어도 피로가 풀리지 않는 악순환에 휘말릴 수도 있다. 물론 설명할 수 없는 극도의 피로감을 느낄 때, 그것을 설명할 정신적 육체적 원인은 얼마든지 있다. 그러나 당신과 의사가 할 수 있는 일을 다했는데도 여전히 의문이라면, 과소 자극을 해결할 방법을 생각해보는 것이 좋다.

찬란한 인생을 갈망하는 당신

감염자 수를 확인하는 나의 행동을 마침내 과소 자극과 연결할 수 있었던 그날을 돌이켜보면 당시 내가 ADHD를 꽤 이해하고 있었던 게 다행스럽다. 그 둘을 연결하지 못했더라면, 쉽고 편했지만 지독하게 따분했던 그 직장에 얼마나 더 오래 머물렀을지 궁금하다. 보람을 느끼지 못하면서도 직장에 머물렀던 과거의 경험에 비추어볼 때, 아마 나는 필요 이상으로 그 직장에서 오래 머물렀을 것이다.

이 새로운 깨달음 덕분에, 나는 더 이상 편리함과 안락함을 선택하며 나의 꿈을 외면할 수 없다는 걸 알았다. 나는 내 꿈의 불확실성과 두려움을 애써 외면하고 있었다. 이미 몇 달 전에 ADHD 코치 양성 프로그램을 이수한 상태였지만, 내 사업을 시작하기 위해 한 발도 내딛지 못했다. 바로 그날 나는 비즈니스 전문가와의 상담을 예약했고 웹사이트를 제작하는 어마어마한 작업에 돌입했다. 나의 행동 중 상당 부분이 과소 자극으로 인한 것임을 깨달았던 덕분에, 진정으로 원하는 일을 추구하는 과정의 불편을 감수할 수 있었다. 저자극 상태를 인지하는 능력이야말로 우리가 갈망하는 흥미 중심의 삶을 만드는 출발점일 수 있다.

재미로 저자극을 해소하는 방법

"너무 자극이 없다 싶으면 자극을 찾으려고 두리번거려요. 일상에서 나의 주의가 산만해지는 건 대체로 그것 때문이죠. 일이 따분해지거나 나의 주변이 전반적으로 과소 자극 상태일 때, 무의식적으로 무언가를 찾기 시작해요. 적절한 자극을 줄 방법을 찾지 못하면, 그리고 저자극 상태라는 걸 바로 알아차리지 못하면, 그 어떤 일에도 집중할 수 없는 심리 상태와 기분이 되고, 결국 아무것도 하지 못해요." 우리 커뮤니티의 회원 칼리가 말한다. 이제 과소 자극의 함정을 피하는 방법들을 살펴보자.

재미있는 일로 하루를 시작하고 끝낸다

대부분의 사람들은 매일 어느 정도는 별로 내키지 않는 일을 해야만 한다. 그 일을 해낼 의욕을 끌어내기가 쉽지 않겠지만, 과소 자극 상태라면 아예 불가능하게 느껴질 것이다. 일상 전반의 의욕을 끌어올릴 수 있는 가장 좋은 방법은 하루를 재미있는 일로 시작하고 재미있는 일로 끝내는 것이다. 출근하기 전에 친구와 조깅하는 것도 좋고, 출근길에 재미있는 소설을 오디오로 듣는 것도 좋고, 저녁 식사로 새로운 음식에 도전해보는 것도 좋다. 때로는 매일 다른 방식으로 하루를 마무리할 때 좀 더 효과적일 수 있다. 어쨌든 목표는 하루의 시작과 끝에 모험과 재미를 더하는 습관을 기르는 것이다. 도파민이 생성될 여건을 만들면 당신의 뇌는 더 행복감을 느낄 것이고, 심지어 가장 재미없는 일을 시작하는 것도 더 쉬워질 것이다.

언제나 목표를 세운다

ADHD 두뇌는 목표를 좇는 것을 좋아한다. 내가 속한 달리기 모임 안에서의 ADHD인 비율이 전체 인구 대비 비율보다 높은 이유도 그것 때문이라고 나는 확신한다. 일의 방향성과 관련하여 구체적인 목표를 갖는 것은 중요하지만, 목표와 ADHD의 관계에서 반드시 알아야 할 중요한 사실이 있다. 목표는 언제든 바뀔 수 있고 진화할 수 있다는 것이다.

많은 ADHD인이 중도에 포기하거나 목표를 달성하지 못할 때 자신을 패배자라 여기기 때문에 애초에 새로운 일을 시작하기를 꺼린다. 목표에 못 미치거나 목표를 바꾸어도 괜찮다는 사실을 아는 것이 중요하다. 물론 실망스럽겠지만, 목표의 달성은 목표를 향해 나아가는 과정에서 느끼는 만족감보다 덜 중요하다. 도파민은 실제로 보상받았을 때가 아니라 보상을 기대하고 있을 때 생성된다. 그동안 당신이 미루어두었던 일들을 생각해보면 어떨까? 새로운 언어를 배우고 싶은가? 첫 책을 쓰고 싶은가? 어쩌면 늘 생각만 했던 마라톤 연습을 시작할 때가 되었는지도 모른다. 결승선을 영원히 통과하지 못하더라도 그 과정은 예상하지 못한 방식으로 당신에게 도움을 줄 것이다.

선천적 호기심을 포용한다

과소 자극의 가장 훌륭한 해독제는 호기심이다. 우리의 ADHD 두뇌는 정보에 탐욕스럽고 그 욕구가 적절히 충족되었을 때 잘 작동한다. 일이 따분해졌다면, 어떻게 하면 업무 역량을 상승시킬 수 있는지 상사에게 물어라. 회사가 배움과 발전의 기회를 제공하고 있는가? 그렇지 않다면, 어떤 방법으로 당신의 하루에 적절한 자극을 제공할 수 있을까? 새 동료를 사귀어볼 수도 있을 것이다. 아이들과 함께 집에 있다면, 충족되지 않은 어린 시절의 호기심을 탐험해볼 완벽한 기회다. 아이들과 함께 있을 때만큼 근사하고 이상한 동물들을 공부하기에 좋을 때가 있을까? 알베르트 아인슈타인(그 역시 ADHD인으로 추정된다)은 우리에게 "배움을 멈추는 순간 죽음이 시작된다"고 말했다. 그 말을 가슴에 새겨라. 그리고 호기심으로 가득 찬 삶을 자신에게 허용해라.

연습: 재미로 시작하고 재미로 끝내라

다음의 표를 이용하여 당신의 하루를 재미있게 시작하고 끝낼 방법을 생각해보아라. 그리고 이 표를 쉽게 볼 수 있는 곳에 두어라.

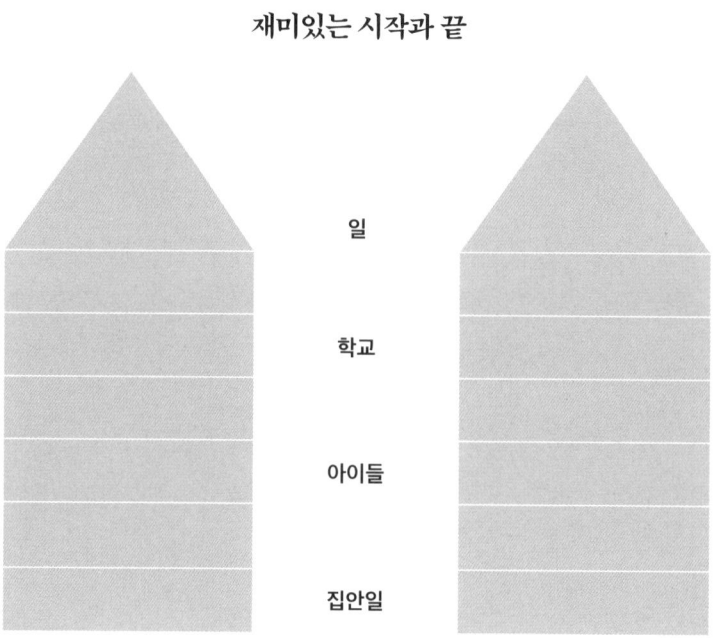

8

동기 저하

나는 탁자 위 운동복을 바라보았다. 운동복은 엿새 동안 그 자리에 있었다. 그 운동복이 그 자리를 차지하기 전에 다른 운동복이 그 자리에 있었고 그 운동복은 손님이 온다고 해서 집을 정리할 때 치웠다. 마지막으로 달리기를 한 지 2주가 지났다. 소파에서 일어나기가 갑자기 왜 이렇게 힘든 걸까. 날씨는 완벽했고, 일정이 꽉 차 있지도 않았다. 오히려 평소보다 한가한 편이었다.

달리기 파업이 시작되기 전 몇 달 동안, 나는 새벽 4시 반에 일어났고 일주일에 며칠은 두 자릿수 마일을 달렸다. 그랬던 내가 어쩌다 이 지경이 되었을까. 몇 주 전, 마라톤 대회가 끝났다. 대회에 참가하기까지 몇 주 동안 맹훈련으로 너무 지친 상태였기 때문에 "이제 그냥 재미로 달릴 수 있다니, 너무 좋아"라고 말하곤 했다. 하지만 막상 대회가 끝나고 실제로 '그냥 재미로 달리는' 시간이 오자, 달리기처럼 따분한 일이 또 있을까 하는 생각이 들었다.

나는 불평이나 하려고 달리기 친구 몇 명에게 문자를 했다. 아무도 답장이 없었다. 아마도 다들 화창한 날씨를 만끽하며 아침 달리기로 엔도르핀을 즐기고 있을 것이다.

동기부여가 될 만한 글귀라도 찾아보려고 소셜미디어를 훑어보았지만, 대부분은 "일단 시작하세요! Just Do It!"의 수백만 가지 변형이라 아무런 감흥이 없었다. 그래서 소파에만 들러붙어 있었다.

결국 체중계에 올라서는 비겁한 방법을 시도하기에 이르렀다. 마음에 안 드는 체중을 보게 되면 벌떡 일어나 운동화 끈을 묶을 의욕이 생길지도. 부정적인 목소리들을 머릿속에 주입하면 수치심 때문에라도 집을 나서게 될지도.

그러나 내가 나 자신에게 불러일으킨 수치심만으로는 충분치 않았다. 수치심은 그로부터 몇 달 동안 효력이 없었다. 어느덧 나는 서서히 달리기를 포기하고 있었다. 한때는 나이 들거나 다쳐서 못 하게 되지 않는 이상 절대로 중단하지 않겠다고 확신했던 일인데도.

ADHD인은 왜 동기가 최상이거나 최하인가

"일단 시작하세요!"라는 문구가 당신의 동기를 자극하는지 궁금하다. 그 문구를 보면 하루를 정복하기 위해 소파에서 벌떡 일어나게 되는가? 아니면 동기를 자극한다는 온갖 문구들의 바다에서 아무 울림 없는 또 하나의 백색 소음에 불과할 뿐인가? 대부분의 ADHD인에게는 아마 후자일 것이다. 우리는 정확히 무슨 일을 해야 하는지, 어떻게 해야 하는지, 그 일을 하면 뭐가 좋은지 알아야만 한다. 우리의 뇌는 무슨 일이든 '일단 하는' 것을 허용하지 않는다.

도파민은 대체로 동기와 관계가 있고, ADHD인의 뇌는 특정 상황에서 사용할 수 있는 도파민의 양이 적기 때문에, 단지 '해야만' 하는 일이라서 어떤 일을 시작하기가 훨씬 더 어렵다.

물론 당신은 전혀 그렇지 않을 수도 있다. 어쩌면 당신은 동기가 낮은 사람의 이미지와 다르다고 생각할 수도 있다. 오히려 이상할 정도로 동기가 높은 사람에 더 가깝다고 생각할 수도 있다. 아주 가끔 어쩌다 한 번씩만 높아서 그렇지…….

많은 ADHD인이 자신들의 삶에서 동기와 관련한 혼란을 겪는다. 몇 주 동안 문자 그대로 '아무도 못 말릴 정도로' 의욕적이어서 엄청난 일을 해내며 환상적인 기분을 맛본다. 그러다가 마치 스위치를 끈 것처럼 소파에 들러붙어 있게 되고 목표를 향해 나아가기 위해 지극히 단순한 일조차 할 수가 없다.

이렇듯 당혹스러운 동기의 기복을 반복적으로 겪고 있는 사람이 당신 혼자만은 아니다. ADHD인이 동기가 낮다는 고정관념은 정확하지 않다. 우리의 동기는 다르게 설계되고 다르게 작동한다. 신경전형인은 일상적인 일을 수행함으로써 ADHD인이 느끼지 못하는 기쁨이나 보람을 느낀다. 그들은 주방을 청소하겠다고 생각할 때 깨끗한 공간이라는 보상을 기대하며 도파민이 생성된다. ADHD인도 주방을 청소하겠다고 생각할 수는 있지만 도파민이 너무 빨리 왔다가 사라져버려서 행동을 취하는 시점까지 도달하지 못한다. 사람들이 너무도 간단하게 생각하는 일상의 일들을 '일단 하기' 위해서 우리는 훨씬 더 많이 노력해야 한다.

수치심을 버려라

외적 동기부여 도구의 활용법을 제시하기 전에, 내게 코칭을 받은 이들이 자주 하는 말을 옮겨보려 한다. "외적 동기부여 도구에 의존하지 않아도 저절로 동기가 생겼으면 좋겠어요." 별 뜻 없이 한 말로 들릴 수도 있겠지만 이런 식의 사고에는, 남들과 다른 접근방식을 필요로 하는 우리 자신에 대한 수치심이 담겨 있다. 보상이나 칭찬, 혹은 목표와 같은 외적인 요인에 의존해야 한다는 이유로 자신에게 결함이 있다고 여긴다면, 그러한 도구들이 가져다줄 진정한 혜택을 누릴 수 없을 것이다.

마라톤을 마친 뒤 몇 달 동안 스스로 동기를 끌어내지 못하는 나 자신에게 느낀 수치심은 결코 소파에서 나를 일으키지 못했다. 마침내 내가 움직일 수 있었던 것은 또 다른 목표를 세우고 그 목표를 사람들과 공유하며 축하했기 때문이었다. 수년 동안 마라톤 대회에 참가하면서 마라톤을 지속할 동기를 끌어내기가 수월해졌다. 나의 뇌가 마라톤 훈련의 긍정적인 면들을 보기 시작했고, 몸을 움직이고 밖으로 나가는 것의 장점을 일상에서 체감한 것 역시 그 규칙을 강화했다. 외적 보상을 추구하는 것이 나에게 도움이 된다는 사실을 받아들이고 나니, 외적 보상을 통해 행동의 변화를 유지하는 데 필요한 내적 힘을 기를 수 있었다. 요즘도 운동화 끈을 묶기까지 매번 쉬운 건 아니지만 지쳐 나가떨어졌을 때, 따분해졌을 때, 혹은 '일단 시작'하지 못하는 나 자신에게 화가 났을 때만큼 불가능하게 느껴지지는 않는다.

우리에게 동기를 부여하는 다른 접근이 필요하다는 사실을 받아들일 수 없다면, 일을 수행하는 우리의 능력은 절대 나아지지 않을 것이다. 도파민 수치가 낮다는 것은 재미, 도전, 보상, 긴

박함이 없으면 일을 시작하기 어렵다는 뜻이다.

ADHD에게 맞는 동기부여 방식

우리에게 진정한 동기가 생겼다면, 대체로 그것은 보통 무언가를 '향한' 동기일 것이다. 우리를 움직이게 하는 것이 무엇인지 안다면, 크건 작건, 과제를 더 잘 수행할 수 있다.

나의 커뮤니티 회원이 자신에게 도움이 되었던 몇 가지 방법을 공유해주었다. "소소하고 구체적인 도움을 청하는 걸 부끄러워하지 않는 것이 동기부여에 도움이 되었어요. 동반집중을 알게 된 뒤로 그것도 큰 도움이 되었어요. 집안일을 게임이나 내기로 만드는 것, 내가 해야 하는 일을 다른 사람을 위해 대신 하는 일인 척하는 것도요."

'동반집중body doubling'은 ADHD인이 혼자서 하기 어려운 일을 할 때 누군가를 곁에 앉아 있게 하는 것이다. 앞으로 소개하는 방법들 역시 ADHD인의 동기부여에 도움을 주는 전략들이다.

수치심을 동기유발 도구로 사용하고 있다면……

"저는 다른 사람들이 절대 못 하는 일들을 할 수 있는데, 빨래를 제때 정리하지는 못해요." 많은 ADHD인들은 일상의 따분한 일을 처리하는 것보다 재미있고 복잡하고 창의적인 일을 하는 것을 더 수월하게 여긴다. 그래서 수치심을 이용해 그런 일들을 해보려 하기도 한다. 게으르다고, 빈둥거린다고, 낙오자라고 자신을 비난하는 것은 우리 중 많은 이에게 일상이 된 듯하다. 그런 방식은 한동안 통할 수도 있겠지만, 동기 저하의 장기적인 해결책이 될 수는 없다. 다음의 방법들을 시도해보기 전에, 먼저 자신에게 말하는 방식을 바꾸어라. 우리의 대사를 "게으름 피우지 말고 어서 해" 대신, "내가 좋아하는 일은 아니지만 나는 쾌적한 환경에서 살 권리가 있어. 깨끗이 정돈된 공간을 만들면 기분이 좋을 거야"로 바꾸는 연습을 해라. 우리의 수치심과 내적 대화를 인지한다면, 우리가 사용하는 도구들이 좀 더 날카로워지고 좀 더 효율적으로 작동할 것이다.

재미를 주입한다

따분한 일을 할 동기가 생길 때까지 앉아서 기다리기만 한다면, 잠자리에 들 때까지 기다리다 끝날 확률이 높다. 때로 우리는 일을 하기 위해 스스로 동기를 만들어야 한다. 따분한 일에 재미를 주입하는 것도 한 가지 방법이 될 수 있다. 나는 가장 좋아하는 팟캐스트를 빨래하는 날을 위해 아껴둔다. 방송이 너무 재미있어서 빨래를 예정보다 일찍 끝내게 된다. 얼마든지 창의적인 방법으로 흥미를 주입할 수 있다. 음악, 오디오북, 심지어 환경을 바꿔서라도 따분한 일에 재미를 주입해라. 가장 따분한 일에는 동반집중도 고려해보기 바란다. 청소하는 동안 친구와 스피커폰으로 통화하거나, 소소한 일들을 처리할 때 같이 가달라고 부탁하는 것도 좋다.

쉽고 재미있는 일 먼저

"어차피 개구리를 먹어야 한다면, 아침에 일어나자마자 먹는 게 최선이다." 마크 트웨인의 조언이다. 어떤 사람들에게는 옳을 수도 있겠지만, 많은 ADHD인에게는 가장 어려운 일을 가장 먼저 해치우는 것이 언제나 최선은 아니다. 도파민 수치가 낮으면 어려운 일을 시작할 때 두 배의 노력이 필요하다. 하루 일과 중 가장 높은 강도의 일에 서서히 진입하는 방식이 우리의 뇌 구조에 더 맞다. 무얼 해야 좋을지 몰라 답답한 기분이 든다면, 할 일 목록에서 가장 쉽고 가장 재미있는 일 먼저 시작해라. 일단 실행 모드에 돌입하게 되면 뇌가 더 많은 도파민을 생성할 수도 있고 그것이 동력이 될 수도 있다. 일단 공을 굴리는 것에 성공한다면, 계속 굴러가게 하기가 더 쉬울 것이다.

도전한다

나는 ADHD로 인한 어려움에도 '불구하고' 스포츠 분야에서 정상에 오른 유명한 선수들에 관한 기사를 많이 보았다. 그들이 이루어낸 놀라운 성과에 감탄하면서도, 어떤 면에서는 ADHD가 그들에게 오히려 자산이 아니었을까 하는 생각이 든다. ADHD 두뇌는 도전을 사랑한다. 꿈을 좇는 여정에서 승리를 거둘 때마다 우리는 더 많은 도파민으로 보상받고 그것이 긍정적인 생각들의 선순환을 만든다.

우리는 목표를 좇고 있을 때 일을 시작하기가 훨씬 쉽다. 구체적인 목표가 없어서 동기를 찾으려 애써야 할 때가 우리에겐 비교적 조용한 시간이다. 당신의 경쟁심을 포용하고, 하기 힘든 일에 재미를 더해줄 도전을 찾아라.

시한을 정한다

대부분의 ADHD인은 막판까지 미루는 자신의 성향을 뼈저리게 인식하고 있다. 그렇다 보니 우리가 시한이 없는 일을 그토록 두려워하는 것은 당연하다. 불행히도 우리에게 주어지는 수많은 과제와 프로젝트에는 시한의 압박이 없다. 결승선이 눈에 보일 때 우리가 가장 일을 잘한다는 사실을 안다면, 우리 스스로 시한을 정해야 한다. 우리에겐 달력의 빨간 표시 이상의 무언가가 필요하다. 우리의 뇌는 그렇게 쉽게 속지 않아서 그 시한을 임의적인 것으로 여길 것이기 때문이다.

그런 상황이라면 외부의 책임을 동원하는 것도 도움이 된다. 시한이 모호한 프로젝트를 진행해야 한다면 상사에게 시한을 정해달라고 요구해라. 한발 더 나아가서 매주 점검받고 싶다고 말해라. 그렇게 해놓으면 마지막 순간까지 미루고 싶은 유혹을 떨쳐낼 수 있다.

운동을 더 많이 하고 싶은가? 대회 참가 신청을 하고, 대회가 끝나면 또 다른 대회에 참가 신청을 해라. 강좌를 개설하고 싶은가? 목표를 설정하고 강좌 코스 개발 작업에 착수해라. 시한을 어떤 방식으로 설정할지는 중요하지 않다. 외부의 도움 없이 스스로 동기를 끌어내지 못하는 자신을 책망하지 않는 것이 중요하다.

성공을 알린다

이것은 동기를 만드는 가장 쉽고 간단한 방법인데도 외면당하고 있다. 우리의 승리가 너무 사소하다고 생각할 수도 있고, 승리로 여겨서는 안 된다고 생각할 수도 있다. 그러나 설거지를 미루지 않고 바로 해치운 자신이 너무 기특해 온 동네에 소문내고 싶은 사람이 당신 혼자는 아니라고 말해주고 싶다. 물론 다른 사람들도 매일 설거지를 한다. 그래도 우리에게 그것은 여전히 축

하할 가치가 있는 일이다. 공적으로나 사적으로나 작은 승리를 알리는 습관을 들이는 것은 다음번에 그와 비슷한 일을 해야 하는 상황일 때, 뇌가 도파민을 조금 더 분비하도록 독려하는 것이다. 당신의 뇌는 그 좋은 느낌을 기억할 것이고 그래서 그 행동을 복제하기가 좀 더 수월해질 것이다. 운동을 하고 나서 인스타그램에 사진을 올려라. 당신은 해냈고, 축하받아 마땅하다.

보상을 구축한다

어렸을 때 마지막 스티커를 붙여서 '보물 상자'에서 선물을 꺼내던 순간 얼마나 짜릿했는지 기억하는가? 훌륭한 보상과 긍정적인 강화가 아이들에게 얼마나 큰 위력을 발휘하는지 교사들은 알고 있다. 그런데 성인이 된 우리는 왜 그런 전략을 우습게 보는가? 아마도 강한 사람은 스스로 동기를 끌어낼 수 있어야 한다는 생각 때문일 것이다. 그러나 그런 고집은 오히려 당신을 꼼짝 못 하게 만든다. 교사들, 관리자들, 코치들은 보상을 활용한다. 효과가 있기 때문이다. 행동을 취하기 위해 외부로부터 약간의 자극을 필요로 하는 것은 부끄러운 일이 아니다.

보상과 관련하여 한 가지 우리가 이해해야 할 점이 있다면, 보상은 다양하고 간헐적일 때 가장 효과가 크다는 것이다. 모든 성취에 똑같은 보상을 적용하게 되면, 우리의 뇌가 곧바로 따분해하기 때문에 효력이 없어진다. 자신만을 위한 보상 상자를 만드는 것도 한 가지 방법이다. 다양한 보상 방법을 쪽지에 적어 상자에 넣어둔 다음, 목표를 달성했을 때 상자에서 쪽지를 하나 뽑는다. 이러한 간헐적 보상이야말로 당신의 뇌를 흥분 상태로 유지하고 더 많은 것을 원하게 한다.

따분함보다 한발 앞선다

우리의 뇌는 시시한 일상을 마치 눅눅한 토르티야 칩처럼 받아들인다. 바로 뱉어내진 않겠지만, 다시 손이 가지도 않을 것이다. 신선함과 다양성은 풍요로운 삶의 필수요건이다. ADHD인에게는 더더욱 그렇다. 똑같은 보상을 기대하며 똑같은 목표를 너무 오래 좇다 보면, 우리의 뇌는 이내 지루해하고 동기가 고갈된다. 그래서 따분함보다 한발 앞서 우리 삶에 새로움과 변화를 충분히 확보하는 것이 중요하다.

예를 들어 운동하는 습관을 기르고 싶다면, 다양성을 허용하라. 예순 번째 날에도 첫날과 똑같은 열정으로 침대에서 벌떡 일어날 것을 기대하지 말아라. 흥미를 잃지 않도록 다양한 형태의 운동으로 주간 일정을 계획해라. 나는 달리기를 좋아하지만, 따분해지지 않으려면 때로는 혼자 달리고, 때로는 친구들과 달리고, 다양한 경로로 달려야 한다는 걸 안다. 직장과 사업에도 같은 개념이 적용된다. 무슨 일이든 결국엔 흥미를 잃게 된다는 사실을 인지하고 경로에서 이탈하지 않도록 다양성을 충분히 확보해라.

균형이 깨지는 순간 알아차린다

ADHD인의 가장 큰 애로는 우리의 일상에 재미있는 일보다 정신이 멍해질 정도로 따분한 일이 더 많다는 것이다. 초보 부모들이 아이를 돌보기 위해 일을 그만두었을 때 종종 그런 상황에 처한다. 만성 질환으로 활동에 심각한 제한이 있는 사람들도 같은 고충을 겪는다. 고등 교육을 받았는데 단순한 일을 하며 형편없는 대우를 받는 경우도 그럴 것이다.

당신 앞에 내키지 않는 일들만 잔뜩 쌓여 있는 이유가 무엇이건, 결론은 대체로 똑같다. 그런 일들을 하기엔 동기가 너무 낮다는 것이다. 따분함에 대한 당신의 대처 능력은 신경전형인보다 낮을 확률이 높다. 일상에서 어느 정도 무료함을 감내할 수 있는지 미리 파악해두어라. 그리고 균형이 깨지기 시작할 때, 일상에 재미와 흥미를 더하기 위해 두 배로 노력해라.

연습: 동기부여 도구 상자

다음의 도구 상자에 동기와 책임감 고취에 도움을 줄 방법들을 적어보아라.

*

동기부여 도구 상자

동기를 고취하기 위해 할 수 있는 일들을 나열해보아라.
답답한 기분이 들 때 참고할 수 있도록 잘 보이는 곳에 두어라.

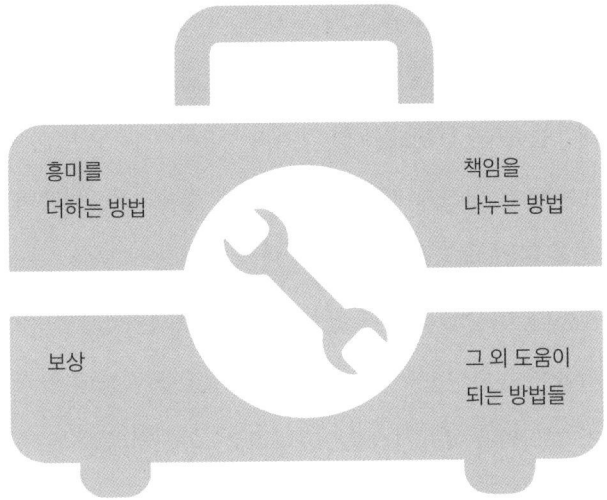

9

감정조절장애

"도와드릴까요?" 경찰관이 물었다. 오빠 때문에 너무 화가 나서 제정신이 아니었던 나는 경찰차가 내 앞에 멈춰 선 줄도 몰랐다.

"괜찮아요." 내가 대답했다. "교회 모임 끝나고 집으로 돌아가는 길이에요. 차에서 오빠하고 싸웠는데, 오빠가 절 내려놓고 가버렸어요." 내가 열다섯 살이고 집까지는 5마일 거리라고 했더니 경찰관이 한사코 나를 집까지 태워다 주겠다고 했다. 경찰차에서 내리는 내 모습을 본 순간 충격과 걱정에 휩싸이는 부모님의 모습으로 보아, 오빠는 몰래 방으로 들어간 것 같았다. 경찰관이 부모님과 인사를 나누고 나서 오빠와 얘기하고 싶다고 했고, 오빠에게 어두운 밤길에 여동생을 혼자 내리게 한 것이 얼마나 위험한 행동인지에 대해 열변을 토했다. 나는 무죄 판결을 받은 것 같은 기분이었다. 마침내 누군가가 내 편을 들어준 것이다.

경찰관이 떠난 뒤 방에 가서 쉬려는데 부모님이 거실에 앉으라고 했다. 나는 한숨을 쉬며 앉았다. 오빠에 대한 부모님의 분노가 내게 면죄부를 주길 바라면서. 그러나 마음속 깊은 곳에서 그럴 리가 없다는 걸 알았다. 부모님은 우리에게 각자 상황을 설명해보라고 했고 곧바로 열띤 논쟁이 이어졌다. 오빠는 자기가 날 두고 떠난 게 순전히 내 탓이라고 했다. 내가 차에 타지 않겠다고 고집을 부렸다고. 나는 오빠가 내 친구들 앞에서 계속 날 놀렸다고, 그래서 차를 안 타겠다고 딱 한 번 말했을 뿐인데, 오빠가 날 어두운 도로에 버려두고 갔다고 반박했다. 우리의 말다툼이 격해졌다. 한 시간 전 주차장에서보다 훨씬 더.

생산적인 대화를 나누기는 글렀음이 분명해지자, 부모님은 우리 둘을 진정시키기 위해 각자 방으로 보냈다. 나는 방으로 뛰어가 요란하게 문을 쾅 닫았다. 그 순간 몇 달 전 내 방문을 걷어차는 바람에 생긴 커다란 구멍이 눈에 들어왔다. 통제 불능의 분노에 휩싸인 것이 이번이 처음은 아니었다.

그날 밤 나는 잠을 잘 수 없었다. 나의 뇌는 휴식을 취하기엔 너무 화가 난 상태였다. 다른 감정들도 밀려들었다. 분노에 휩싸여 이성을 잃은 것이 창피했고 그런 나의 반응이 두려웠다. 친절한 경찰이 아닌 다른 사람이 날 멈춰 세웠다면 무슨 일이 일어났을까. 지독한 수치심과 함께 후회도 밀려들었다. 오빠와 싸운 것도 사실이고, 오빠가 날 도로에 두고 간 건 잘못이었지만, 나 역시 잘한 게 없었다. 오빠는 부모님에게 야단을 맞을 게 분명했다. 그날 밤 격한 감정들이 잦아들었을 때, 나에겐 너무도 익숙한 부정적 자기 대화가 그 자리를 채웠다.

내가 격한 감정에 휩쓸렸던 모든 순간들이 떠올라 잠을 이룰 수가 없었다. 분노가 잠식했던 상황만 떠오른 게 아니었다. 너무 흥분하거나 너무 기뻐서 사람들을 당황하게 하거나 화나게 했던 행동들도 떠올랐다. 나는 항상 '투머치too much'였고 그 점을 고쳐야 했다.

오랜 시간이 걸리긴 했지만, 결국 그 열다섯 살 여자애는 어느덧 자신의 감정을 숨기거나 부정하는 데에 전문가가 되었다. 더 이상 '투머치'는 아니었지만 나 자신에게조차 낯선 사람이 되었다. 감정조절장애에 대해 알게 되고 그것이 ADHD와 관계가 있음을 알게 된 뒤에야, 비로소 감정을 숨기는 것을 멈추고 그 감정을 규명하거나 소화하는 법을 터득할 수 있었다.

감정조절장애와 ADHD

감정조절장애emotional dysregulation란, 정서적 반응을 통제하거나 조절하는 데 어려움이 있는 상태를 뜻하는 말이다. 현재 〈정신질환 진단 및 통계 편람 제5판DSM-5〉에 ADHD의 증상으로 포함되어 있지 않지만, ADHD 전문가 중 대다수가 그것을 ADHD의 핵심적 증상으로 여긴다. 실제로 연구에 따르면, ADHD 환자의 최대 73퍼센트가 감정조절에 어려움을 겪는 것으로 나타났다.[14] 안타깝게도, 진단 요건에 빠져 있다는 것은 ADHD인이 자신의 감정을 다스리기 위해 교육받거나 다스리는 법을 배울 확률이 낮다는 뜻이다. 감정조절장애에 대한 소홀한 대처는 ADHD인과 그들을 사랑하는 이들의 삶에 지속적이고도 고통스러운 영향을 미칠 수 있다. 감정조절장애가 분노 폭발로 나타날 때 ADHD인에게 엄청난 타격을 입힌다. 충동성과 결합한 감정조절장애는 우리 자신과 우리가 사랑하는 이들에게 돌이킬 수 없는 상처를 남기는 말과 행동으로 이어진다.

통제되지 않은 감정은 강렬한 행복이나 흥분으로 표출되기도 한다. 때로는 이런 모습이 무해하거나 심지어 매력적으로 보일 수도 있지만, 보기에 따라 미성숙하거나 지나친 행동으로 비칠 수도 있다. 격한 감정에 휩싸이는 것은 ADHD인 자신에게도 혼란스럽고 피곤한 일이다.

우리 커뮤니티의 한 회원이 감정조절장애가 자신의 인간관계와 육아에 어떤 영향을 미쳤는지 공유해주었다. "반복되는 감정조절장애로 인해 제가 사랑했던 훌륭한 남자와의 결혼이 파탄 날 뻔했어요. 우리 둘일 때는 잘 이겨냈는데, 특별한 보살핌이 필요한 신경발달 장애아가 태어난 뒤로 상황이 악화되었어요. 아이를 위해서 저는 감정을 잘 다스려야만 했어요. 아이에게 제가 자기통제의 모범이 되어야 하고 정서적 안정감을 주어야 하니까요. 오랫동안 저는 실패했다고 생각했어요. 하루가 끝날 무렵에는 완전히 맛이 간 상태였거든요."

감정조절의 어려움은 가정에서나 직장에서 우리의 생산성에도 영향을 미친다. 효율적이지 못한 회의를 마친 후 화가 치밀어 다시 일에 집중할 수 없었던 여러 상황들이 떠오른다. 동료들도 비슷한 기분을 느꼈을 텐데도 그들은 어떻게든 분노를 삭이고 다시 일로 돌아갈 수 있었다는 사실이 상황을 더욱 악화시켰다. 왜 나만 다 잊고 앞으로 나아갈 수 없는지 이해가 가지 않았다. 인간이라면 누구나 자신의 감정에 영향을 받지만 ADHD를 가진 사람은 크건 작건 감정을 다스리기가 훨씬 더 힘들다. 그래서 일을 미루는 것이다.

크게 보았을 때 회피는 많은 ADHD인이 겪는 감정조절장애의 결과일 수 있다. 우리가 경험하는 감정의 롤러코스터는 종종 고통과 수치심을 유발한다. 그래서 시간이 지날수록 우리는 격한 감정을 유발하는 상황을 피하는 법을 터득한다. 그게 꼭 부정적인 건 아니다. 문제를 일으킬 수 있는 상황을 피하는 것에 능숙해지기 때문이다. ADHD인은 이 영역에서 과잉 교정 반응을 보이는 경향이 있다. 긍정적인 결과가 나오지 않았을 때의 실망감 때문에 마비되는 것이 두려워 좋은 기회를 피하기도 한다. 심지어 사회적으로 고립될 수도 있다. 고립되는 편이 강렬한 감정을 다스리는 것보다 쉽기 때문이다. 그러나 감정조절장애와 관련하여 부정적인 소식만 있는 건 아니다.

감정조절장애가 지닌 의외의 장점

십 대 시절 나를 알았던 사람들 대부분은 나를 열정적인 사람으로 기억할 것이다. 때로 그 열정은 변덕스러운 태도와 성급한 결정으로 이어져 끔찍한 결과를 초래하기도 했다. 그 열정 때문에 나를 신경질적이고 미성숙한 사람으로 보는 사람도 있다. 그러나 그렇게 보는 사람들조차도 내가 정의심과 공감 능력이 뛰어나고, 열정적이고 창의적인 활동가로서의 또 다른 면모를 갖고 있다고 말할 것이다. ADHD 진단을 받고 감정조절장애에 대해 알게 된 이후, 나의 격한 감정을 다른 시각으로 바라보게 되었다. 나의 감정 자체는 문제가 아니었다. 내가 평생에 걸쳐 큰 대가를 치러야 했던 건 나의 감정에 대한 이해와 통제력 부족 때문이었다.

감정은 우리의 행동과 선택에 많은 영향을 미친다. 감정적 반응을 이해하고 조절하는 법을 터득하는 것이야말로 ADHD를 가진 사람이 편안하고 풍요로운 삶을 가꾸어가기 위한 열쇠다. 감정조절에 노련해지는 것을 최우선으로 생각한다면 격한 감정들 속에서 좀 더 힘을 발휘할 수 있다. ADHD 커뮤니티에서 나는 그러한 노력의 결실을 실제로 보았다.

ADHD 진단을 받을 수 없었다는 사람들의 이야기를 들을 때면 너무 부당하다는 생각이 든다. ADHD가 하나의 '유행'일 뿐이라고 주장하는 어느 '전문가'의 글을 읽으면 화가 치밀어 오른다. 예전 같으면 곧바로 반박문을 쓰고, 댓글 창에서 악플러나 부정론자들과 소모적인 설전을 벌이며 여러 날을 보냈을 것이다. 그러고 나면 며칠간 정신적 육체적으로 탈진 상태가 된다. 숙련된 감정조절 기술 보유자로서, 나는 요즈음 좀 더 전략적으로 반응하고, 좀 더 침착하게 행동하며, 좀 더 의도적으로 거리를 둔다.

감정조절 능력을 기르면 에너지 소모가 줄어든다. 나아가, 자연스러운 열정을 발휘할 기회를 넓힐 수 있고, 리더로서, 변화를 이끄는 사람으로서, 창의적인 비전을 제시하는 사람으로서, 그리고 다양한 커뮤니티 속 공감하는 시민으로서 우리에게 주어진 역할을 좀 더 효율적으로 수행할 수 있다.

감정조절을 위한 도구들

ADHD인으로서 우리가 할 수 있는 가장 강력한 대처는 우리 감정을 알아차리고, 이름 붙이고, 처리하는 능력을 기르는 것이다. 감정에 휘둘리는 것을 매번 막을 순 없고, 감정을 느끼는 것을 자신에게 허용하는 것 또한 중요하다. 그러나 우리에게 감정을 다스리는 도구가 없다면 결국 탈진하고 만다. 다음은 내가 터득한 몇 가지 기술이다.

미리 대비한다

감정조절 능력은 신체의 상태와 긴밀하게 연결되어 있다. 수면이 부족하거나 제대로 먹지 못했거나 감각 과부하를 겪고 있다면, 반응하기 전에 생각할 시간을 갖기가 훨씬 더 어렵다. 감정적으로 힘든 상황을 앞두고 있다면, 최대한 미리 대비해라. 예를 들면 명절에 정치 얘기를 멈출 줄 모르는 삼촌을 만나기 전에, 잘

자고 잘 먹는 것을 최우선으로 하며 대비할 수 있을 것이다. 종일 회의에 참석해야 한다면, 감각에 거슬리지 않는 편안한 옷을 입는 것도 좋다. 우리의 목표는 감정적으로 오래 버틸 수 있는 상태로 힘든 상황에 임하는 것이다.

신호 감지에 노련해진다

당신이 통제 불능의 상태로 접어들고 있음을 알리는 신호들을 생각해보기 바란다. 약한 두통이 있는가? 심장박동이 빨라지는가? 얼굴이 뜨거워지는가? 경고 신호를 노련하게 알아차리기 위해 자신의 상태를 살피는 연습을 해라. 상황이 과열되었을 때 자신의 상태를 세심하게 살펴본다면 이러한 징후들이 좀 더 분명해질 것이다. 감정조절장애를 겪은 직후 자가 진단을 해보는 것도 한 가지 방법이다. 다음의 질문들을 자신에게 던져보고 그 대답을 기록해라. "나의 몸에 어떤 느낌이 있었는가?" "무엇이 그러한 반응을 유발했는가?" "이러한 반응이 나타나기 전에 신체적으로 (휴식, 배고픔, 과잉 자극, 피로와 관련하여) 어떤 상태였는가?

낙하산을 준비한다

감정조절장애의 신호를 알아차리는 데에 전문가가 되었다면, 그 상황에서 쉽게 빠져나와 감정을 조절할 수 있도록 일종의

'낙하산'을 준비해라. 회의 중 대화가 과열되고 잠시 쉬고 싶다는 의사를 밝혀야 할 때, 어떤 말을 해야 할지 미리 준비해두는 것도 좋다. "지금 생각해볼 것들이 좀 많아서요. 대답을 드리기 전에 잠시 생각해볼 시간이 필요해요"라고 말할 수도 있을 것이다. 진정성 있는 언어를 선택하되, 남을 탓하거나 상황을 과열시키지 않으려면 '나'로 문장을 시작하는 편이 대체로 낫다.

가족과 함께 집에 있다면 감정적으로 반응하기 전에 배우자나 아이들에게 한 손을 들어서 잠시 감정을 식힐 시간이 필요하다는 뜻을 전하고 상황에서 빠져나온다. 낙하산을 미리 생각해두면, 충동적이거나 바람직하지 않은 행동을 저지르기 전에 잠시 멈추기가 수월해진다. 낙하산을 미리 준비해두지 않으면 긴박한 상황에서 낙하산을 펼칠 수 없다.

감정을 조절할 장소를 만든다

아들의 4학년 교실에는 격한 감정의 조절을 돕는 별도의 장소가 지정되어 있다. 일명 '평화의 장소'로, 스트레스볼을 비롯한 마음을 진정시키는 여러 가지 도구들이 구비된 교실 한 구석의 공간이다. 아이들은 짜증이 나거나 화가 났을 때 그곳에 갈 수 있다. 그곳에 가고 싶을 때 사용하는 수신호가 있는데, 아이들이 신호를 보내면 교사는 아무것도 묻지 않고 몇 분 동안 그 장소에서 감정을 가라앉힐 시간을 갖게 해준다. 이것은 성인에게도 훌륭한 전략이 될 수 있다. 당신의 집에 조그만 오아시스를 하나 만들어 두고, 감정조절이나 명상이 필요할 때 그곳을 이용해라. 묵직한 담요, 신문, 심지어 주먹으로 치거나 대고 소리 지를 수 있는 베개 같은 것들을 이용할 수도 있다. 감정을 표현하거나 조절할 공간을 만들어두면, 그곳에 갈 때마다 당신의 뇌는 그러한 감정들을 느껴도 안전하다는 신호로 받아들이고 좀 더 차분해진 상태로 그곳에서 나올 수 있다.

다양한 심리안정요법을 활용한다

조절되지 않는 신경계를 필요할 때마다 바로 진정시키는 것은 모든 ADHD인에게 필요한 기술이다. 상자 호흡(뒤에 설명함)이나 명상과 같은 기술을 연습해두었다가 조절장애 증상이 나타나기 전에 활용해보는 것도 좋다. 다양한 심리 요법을 실험해보고 어떤 것이 자신에게 맞는지 파악해라. 내가 가장 좋아하는 기술 중 하나는, 들을 수 있는 것 한 가지, 만질 수 있는 것 한 가지, 볼 수 있는 것 한 가지, 냄새 맡을 수 있는 것 한 가지, 맛볼 수 있는 것 한 가지 이름을 말함으로써 감각과 접촉하는 것이다. 이런 유형의 훈련은 당신의 뇌가 스트레스에서 잠시 벗어나도록 도와주어, 멈추고 진정할 시간을 벌어준다.

연습: 상자 호흡

✳ 상자 호흡 기술

- 4초간 숨을 들이마신다.
- 4초간 숨을 참는다.
- 4초간 숨을 내쉰다.
- 4초간 숨을 참는다.

10

반추

화요일 밤이었다. 그것은 내가 침대에 누워 천장을 바라보면서, 다음 날 새벽 5시 15분에 있을 수업 때문에 스트레스를 받고 있다는 뜻이었다. 생각들이 끊임없이 이어지는 동안 나는 침대맡 시계를 확인했다.

"앗, 벌써 자정이네. 지금 잠들어도 겨우 네 시간 반밖에 못 자잖아. 이러면 수업에 집중하기 힘들 텐데. 혹시 늦잠 자서 못 가게 되면 어쩌지? 안 그래도 수업은 이미 엉망인데 거기서 더 엉망이 되겠군. 이번 주 초에 그만둔 그 회원만 봐도…… 다들 날 싫어하는 게 분명해."

부정적인 생각들은 이런 식으로 몇 시간이고 계속된다. '부정적인 생각의 무한 굴레'에 갇힌 게 분명했다. 스포츠센터까지

차를 몰고 가는 동안 그 생각들이 계속 이어졌고 음악을 틀고 몸풀기 운동을 시작할 때까지도 멈추지 않았다. 수업은 순조로웠다. 이 수업을 시작한 지도 어느덧 2년이 되었고 수업은 늘 괜찮았다. 차를 몰고 집으로 돌아오는 길에 엔도르핀의 분비가 조금 잦아들자, 나 자신을 향한 익숙한 짜증이 밀려들었다. 이번에도 별것 아닌 일로 잠도 못 자고 스트레스를 받느라 정신적 에너지를 낭비했다. 그런데도 어쩐 일인지 다시 월요일이 돌아왔을 때, 지난주에 순조로웠던 수업에 대한 기억은 전혀 남아 있지 않았다. 나는 또다시 부정적인 생각에 휩쓸렸다.

'지난주 수업 내용을 다들 별로 안 좋아하는 것 같았어. 제이미 표정을 보니 너무 쉽다고 생각하는 것 같았거든. 하지만 마크는 좀 힘들어하는 것 같던데. 너무 어려웠나? 어쩌면 내가 짠 수업이 형편없는 건지도…… 조만간 원장이 내 수업을 일정표에서 빼라고 할지도…….'

늘 똑같은 내용이지만 매번 아주 조금씩 달라진다. 이런 생각들은 마치 시계 태엽 장치처럼 매주 월요일부터 수요일까지 나를 감옥에 가둔다. 3년간 매주 수업에 대해 과도하게 생각하다 보니, 나는 정신적으로도 육체적으로도 지쳐갔다. 한 시간 수업으로 아무리 큰돈을 벌었어도 내가 그 일을 반추하느라 보낸 48시간을 보상할 수는 없었다. '과잉 사고overthinking' 혹은 '반추

ruminating'가 이번에도 내가 좋아하는 일을 망쳐버렸다.

사실 그곳은 훌륭한 시설을 갖춘 근사한 스포츠센터였다. 나는 그곳에서 멋진 사람들을 만났고 시간당 받는 임금도 업계 평균보다 높았다. 서류상으로도 훌륭했지만 실제 혜택은 그보다 더 좋았다. 나는 시간제로 근무하고 있었지만 나의 뇌가 하루 종일 걱정했기 때문에 정규직으로 일하는 것이나 마찬가지였다. 마치 나의 뇌가 정지 버튼이 없는 러닝머신 위에서 달리는 것 같았다. 당시 나는 반추에 대해서는 알지 못했지만 내가 탈진했다는 건 알았다. 당시에는 그 일을 그만두는 것만이 나의 유일한 선택이라고 생각했다. 만약 당시 나의 행동 패턴이 반추였음을 깨닫고 멈출 수 있었다면 어땠을까. 아마도 달콤한 혜택들을 누리며 그 일을 좀 더 오래 했을 것이다.

반추란 무엇이며 ADHD 환자는
왜 그토록 자신만의 생각에 휩쓸리는가?

반추란, 생각을 과도하게 곱씹거나 반복하는 것을 뜻한다. 부정적인 생각인 경우가 많지만 언제나 그렇지는 않다. 모임을 마치고 돌아오면서 당신의 친구가 유독 조용했던 건 당신을 싫어해서

이고 조만간 당신을 안 볼 거라는 생각이 든 적이 있는가? 그렇다면 그것은 반추다.

"난 끊임없이 반추해요. 그것 때문에 수면의 질이 형편없어요. 인간관계에도 문제가 생기고요. 뭐든 놓아버리기가 너무 힘들고, 그 상황에서 내가 다르게 대처할 수는 없었는지, 좀 더 잘 대처할 수는 없었는지 계속 생각하죠. 그러다 보니 늘 죄책감과 수치심에 시달려요. 그리고 반추가 상황을 객관적으로 바라보는 능력을 완전히 마비시켜요." 우리 커뮤니티의 회원 스테프가 말한다.

반추는 부정적인 자기 대화에만 국한되지 않는다. 의사결정 과정에 필요 이상으로 오래 갇혀 있는 것으로 나타나기도 한다. 나는 아이가 탈 완벽한 유아차를 고르기 위해 두 달을 고민한 적도 있다. 빌어먹을 유아차는 나의 잠을 앗아갔고, 그로부터 8년이 지난 지금, 그때 내가 결국 어떤 유아차를 선택했는지, 그게 정말 내 마음에 들었는지조차 기억나지 않는다.

만약 당신이 과잉 사고하는 사람 overthinker 혹은 과잉 분석하는 사람 over-analyzer이라면 아마도 많은 시간을 반추하며 보낼 것이다. "다들 그러지 않아요?"라고 묻는다면, 물론 그렇다, 어느 정도는. 반추는 인간 두뇌의 정상적인 기능이고 나쁘기만 한 건 아니다. 그 점에 대해서는 나중에 살펴보기로 하자. 모든 인간은 반추

한다. 그러나 인지적 차이로 인해, ADHD인은 신경전형인보다 더 많은 시간을 반추하며 보낸다.

ADHD 전문가 네드 핼로웰 박사는 자신의 저서 《ADHD 2.0》에서 우리 뇌에 두 가지 중요한 신경망이 있다고 설명했다. 하나는 '내정상태회로DMN, Default Mode Network'이고 하나는 '과제수행회로TPN, Task Positive Network'다. 내정상태회로는 과제에 적극적으로 집중하지 않을 때 가장 활발하게 작동한다. 이것은 창의적이며 공상하며 방랑하는 회로다. 반면 작업수행회로는 특정한 과제를 수행할 때 소환된다.

신경전형인의 뇌에서 이 두 회로는 상호 보완적으로 작동한다.[15] 내정상태회로를 교사에게 엄청난 양의 질문을 퍼부어대는 아이라고 생각해보자. 교사가 아이에게 과제를 주면 아이의 질문이 줄어들고 아이는 과제를 완료한다. ADHD 두뇌 속에서 그 아이는 완벽하게 과제로 옮겨갈 수가 없다. 아이의 내정상태회로가 조금 잠잠해질 수는 있겠지만 설령 과제를 하고 있다고 해도 완전히 차단되지는 않는다.

그렇다면 우리 ADHD인은 새벽 3시까지 어린 시절의 부정적인 기억을 곱씹으며 살아갈 수밖에 없는 운명인가? 그렇기도 하고, 그렇지 않기도 하다. 앞서 언급한 바와 같이 모든 뇌는 반추를 하게 마련이고 반추를 막을 약은 없다. 설령 그런 약이 있다고 해도, 아마도 우리는 그 약을 먹어선 안 될 것이다. 그러나 반추가 부정적으로 작용할 때 알아차리는 것에 익숙해진다면 그 악순환에서 벗어나기가 좀 더 수월해진다.

반추가 정신적, 육체적으로 우리를 고갈시키는 것은 사실이지만 나는 그것을 완전히 없애버리고 싶지 않다. 우리의 목표는 반추를 피하거나 없애는 것이 아니다. 대처할 도구를 갖고 그것이 우리를 마비시키는 것을 막는 것이다.

반추는 우리 삶에 부정적인 영향을 미치기도 하지만 놀라운 선물도 가져다준다. 반추의 진원지인 내정상태회로는 창의성이 생성되는 곳이기도 하다. 언제 잠잠해질지 모르는 내정상태회로를 갖고 있다는 건 날마다 엄청난 양의 생각들을 처리한다는 뜻이기도 하다. 그 생각들이 부정적인 반추로 표출되기도 하지만 자기성찰이나 깊어진 의식, 다른 사람들이 미처 보지 못하는 주변 환경에 대한 민감성으로 나타나기도 한다. 지나치게 활성화된 내정상태회로야말로 ADHD인이 '틀을 벗어나 사고를 하는 사람'이고 '점을 연결하는 사람'일 수 있는 여러 이유 중 하나다. 과도한 부정적 반추를 극복할 수 있는 능력을 기를 수만 있다면, 방랑하는 생각들이 주는 혜택을 누릴 수 있다.

반추의 고삐를 쥐다

반추를 조절하는 데 도움이 되는 도구들을 공유하기 전에, 이것이 혼자 해결하기에는 다소 복잡한 문제라는 점을 이해하기 바란다. 사고의 틀을 재구성할 수 있도록 숙련된 치료사의 도움을 받는 것도 좋다. 노련한 전문가라면 반추를 유발하는 불안 등과 같은 요인을 파악하도록 도울 것이다. 다음의 도구들로 충분할 수도 있겠지만 도움이 더 필요할 수도 있다. 여기 제시된 방법들은 전문적 지침이나 치료를 대체할 수 없는 제안일 뿐임을 명심하기 바란다.

생각의 표면화

잠시 생각해보자. 부정적인 감정이 밀려들 때 생각만으로 그 감정을 극복한 경우가 얼마나 되는가? 상사가 왜 느닷없이 당신과의 일대일 회의를 일정에 추가했는지 나흘 동안 분석했을 때 결국 답을 찾을 수 있었던가? 찾을 수 없었다고? 그렇다면 무엇이 도움이 되었나? 아마도 당신이 회의의 목적을 알려달라고 요청했을 때, 혹은 그 회의가 당신을 해고하기 위한 것이 아님을 동료가 확인해주었을 때였을 것이다. 당신은 감정을 표면화할 방법을 찾았을 것이고, 그제야 당신을 가둔 생각의 감옥으로부터 탈출할 수 있었을 것이다.

우리가 내면의 생각들을 표면으로 드러낼 때, 특히 나 아닌 다른 사람에게 소리 내어 말할 때, 비로소 생각을 조용히 시킬 수 있다. 글을 쓰거나 그림을 그려서 생각들을 표면화할 수도 있다. 나의 내담자 중 한 명은 음성 녹음 기능을 이용해 오디오 일기를 쓰는데, 머릿속에 맴도는 생각들을 소리 내어 말하곤 한다. 이런 방식으로 반복적인 사고의 순환을 멈출 수 있다.

생각에서 벗어나, 행동한다

반추가 가장 심해지는 상황을 생각해보기 바란다. 우리의 내정상태회로는 신경전형인의 신경망처럼 쉽게 꺼지진 않지만, 과제수행회로를 활성화하는 것은 여전히 도움이 된다. 강도 높은 사고를 요구하는 과제를 수행해야 할 때 반추하기란 어려울 것이다. 당신의 뇌가 악순환의 굴레에 빠져 있을 때, 시작하기 쉽고 완전히 몰입해야 하는 일을 떠올려라. 마음챙김 명상을 통해 먼저 마음을 안정시키고 내정상태회로를 끄는 것도 도움이 될 수 있다. 행동을 시작하면 머릿속의 소음이 낮은 윙윙거림으로 잦아든다.

움직인다

반추의 수렁에 깊이 빠져 있을 때, 움직이는 것이야말로 당신이 가진 가장 훌륭한 도구 중 하나다. 숨이 찰 정도로 빠르게 뛰고 있을 때나 복잡한 근력 운동을 하고 있을 때, 업무 이메일을 과잉 분석하기란 쉽지 않다. 그 순간 뇌의 유일한 관심사는 운동 기구를 발가락 위에 떨어뜨리지 않는 것일 테니까. 신체가 동작을 수행할 때, 뇌는 문자 그대로 동작의 단계별 수행에 집중한다. 부정적인 피드백의 악순환에서 벗어나기 위해서 몸을 움직이는 것보다 더 좋은 방법은 없다. 운동으로 분비된 세로토닌과 도파민이 당신의 기분을 끌어올리고 부정적인 생각들을 좀 더 효율적으로 처리하고 재구성하도록 돕는다. 다만 잠자리에 들 시간에 과도한 운동을 하는 것은 숙면에 방해가 될 수도 있음을 유의해야 한다.

훈련: 반추 흐름도

반추에 사로잡혀 있을 때 다음의 흐름도를 보고 부정적인 생각의 순환을 약화 혹은 중단할 수 있는 단계적 방법을 찾아라.

✱

반추 흐름도

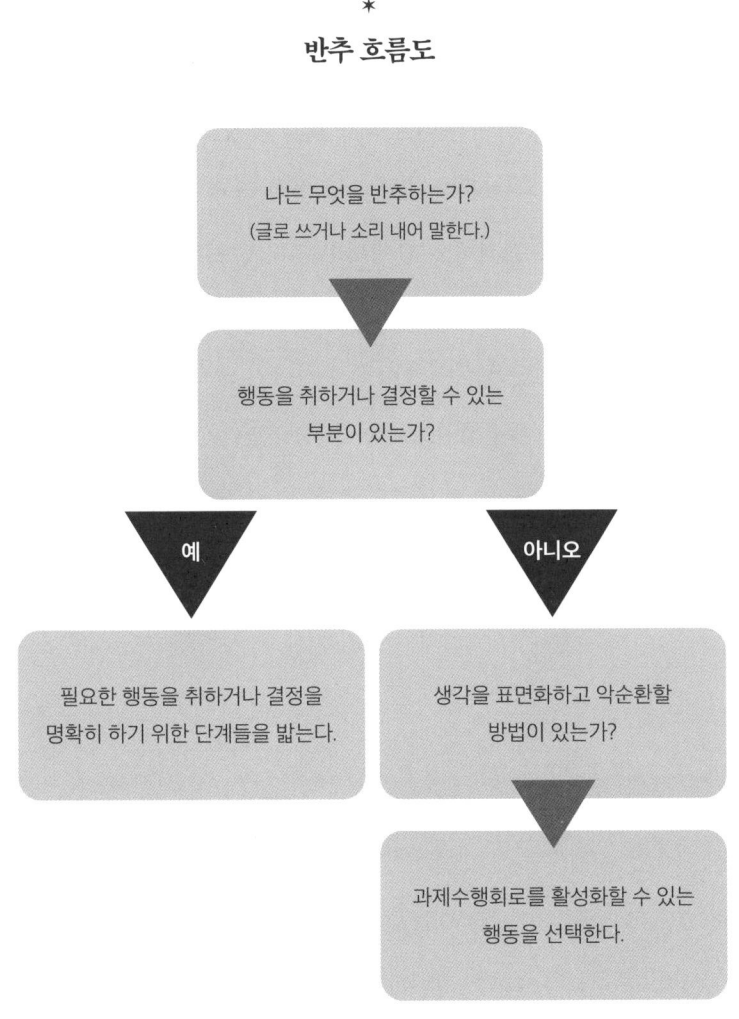

11

불면증

새벽 2시라는 엄한 시간에, 나는 중학교 주차장에서 흥분한 상태로 친구들을 만나 버스에 올랐다. 사막을 가로질러 디즈니랜드로 가는 버스였다. 가는 길에 차에서 자고, 디즈니랜드에서 하루 종일 놀다가, 집으로 돌아오는 차에서 지쳐 나가떨어지는 것이 우리의 계획이었다. 나는 디즈니랜드에 갔고 거기서 재미있게 놀았지만 학교로 돌아오는 버스에서 잠을 잘 수 없었다. 내 인생에서 그렇게 피곤한 적이 없었는데도. 시계를 보니 내가 스물네 시간 넘게 깨어 있었음을 어렵지 않게 확인할 수 있었다.

우리의 계획은 나를 제외한 다른 8학년 아이들 모두에게 차질 없이 진행되었다. 버스 기사를 제외하고 나처럼 불면증으로 깨어 있는 친구는 한 명도 없었다.

나를 제외한 모두가 잠이 들 정도로 마음이 편한 상태라는 게 당혹스러웠고 놀라웠다. 거의 모두가 베개 대신 배낭을 베고 애너하임에서 출발하기도 전에 잠이 들었다. 반면 나는 뇌를 닫기 위해 책에서 본 온갖 수단을 동원하며 피로한 나의 몸에 휴식을 주려 애썼다. 몇 시간을 그렇게 뒤척인 끝에 나는 마음을 접었다.

나는 너무 더웠다. 그런데 뒷자리의 누군가는 코를 훌쩍였고 나의 두뇌는 꺼지기를 거부했다. 나는 찻잔 모양의 놀이기구를 타기 위해 줄을 서서 기다리는 동안 친구와 했던 말다툼을 생각했고 그 생각을 멈출 수가 없었다. 버스가 달리는 도로는 외지고 음산했고 최근에 본 공포 영화가 떠올랐다.

학교 주차장에 도착했을 때 나는 거의 미치기 일보 직전이었다. 내 표정을 보고 엄마가 물었다. "버스에서 좀 잤니?" 나는 눈물을 터뜨렸고 엄마는 그 순간 내 대답을 알았다.

ADHD인이 불면증에 시달리는 이유

ADHD인에게 숙면은 너무도 어려운 문제이고 우리 중 상당수는 이미 그 문제를 해결하겠다는 희망을 버렸다. 나는 여러분 중 상당수가 이 장을 건너뛸 거란 사실을 알고 있고 또 그 마음을 이해한다. 그러나 당신이 아직 여기 있다면, 여기서 수면에 대한 접근법을 개선할 한 조각의 힌트라도 얻어가길 바란다. 충분한 수면은 당신의 집중력, 주의력, 감정조절 능력 향상에 중요한 역할을 한다. 수면 문제가 조금이라도 개선된다면 그 보상은 엄청날 것이다.

ADHD인에게 숙면이 그토록 이롭다면 왜 그토록 어려울까? 이유는 복잡하다. 그리고 여러 요인이 작용한다. 그러나 여기서는 우리가 밤새 천장을 보고 있게 만드는 공통적인 범인을 찾아보고자 한다. ADHD인에게는 종종 수면위상지연증후군DSWPS, Delayed sleep-wake phase syndrom이 발견된다.[16] 수면위상지연증후군이란, 생체리듬이 일반인보다 지연되는 것을 뜻하는 말이다. 만약 당신이 평생에 걸쳐 '올빼미'였다면, 당신도 수면위상지연증후군으로 인해 어려움을 겪는 것일 수 있다. 불행히도 이러한 타고난 성향은 가정과 직장에서의 요구에 부합되지 않고, 따라서 우리 중 상당수가 뇌가 최상으로 작동하는 이상적인 수준에 훨씬 못 미치게 자고 있다는 뜻이다.

단지 생물학적 특성 때문에 우리가 한밤중에 깨어 있는 건 아니다. ADHD인은 '보복성 취침 미루기'를 즐기는 경향이 있다. 하루가 저물어갈 때, 우리는 압도된 상태로 보냈던 시간을, 혹은 할 일을 미루며 보냈던 시간을 되돌아보고 시한이 임박했을 때만 찾아오는 의욕을 비로소 느낀다. 그래서 갑자기 벌떡 일어나 프로젝트에 몰입하며 오늘 하루가 완전히 '허비'되지 않도록 하루를 구원하려 애쓴다. 설령 일에 조금 진척이 있더라도, 그런 식의 행동은 득보다 실이 많다. 취침 시간 직전에 뇌를 가동했기 때문에 잠을 잘 수가 없는 것이다. 우리는 다음 날 알람 소리를 듣고 피곤한 상태로 일어나고 하루를 시작할 엄두가 나지 않는다. 그렇게 악순환이 되풀이된다. 알람이 우릴 깨우기 전에 여덟 시간을 억지로 침대에 누워 있었다 해도 숙면을 방해하는 마지막 방해물인 우리 자신을 상대해야 한다. 반추 때문이다. 하루 종일 빠르게 오가는 생각들로부터 주의를 돌릴 수 있었다 해도 침대에 눕는 순간, 그날 미처 처리하지 못했던 생각들이 전부 다 밀려든다. 부정적인 반추일 수도 있고 흥미진진한 아이디어일 수도 있다. 어느 쪽이건 우리는 우리에게 필요한 잠으로부터 더 멀어진다.

우리 커뮤니티의 한 회원은 자신의 불면증을 이렇게 설명했다. "낮에 몸을 혹사하지 않으면 밤중에 온갖 생각들이 질주해요. 남편은 잠들기 전에 얘기하는 걸 좋아하는데, 그렇게 하면 마음이 차분해진대요. 하지만 나한텐 정반대죠. 얘길 하다 보면 온갖 생각들을 하게 되거든요."

잠드는 것만 힘든 게 아니다. 우리 ADHD인은 한밤중에 깨어나면 다시 잠들지 못하는 것으로도 유명하다. 잠에서 깨어나는 순간, 온갖 생각들과 아이디어들이 물밀듯 밀려든다. 때로는 최근에 계속 집착했던 일이기도 해서 곧바로 휴대폰을 들고 스크롤을 시작한다. 머릿속에 떠오르는 무작위 질문에 대답하고 싶은 강렬한 욕망을 느낄 수도 있고, 번득이는 사업 아이디어가 떠오를 수도 있다. 그게 무엇이건, 결과는 똑같다. 피곤하고 산만한 내일.

꾸준히 숙면을 취하는 것이 ADHD인에게는 에베레스트산을 오르는 것처럼 막막하게 느껴진다. 많은 이가 에베레스트산에 관한 기사를 읽지만 정작 그들 자신에게 그 산에 오를 능력이 있다고는 믿지 않는다. 반면 엄청난 에너지와 자원을 쏟아부어서 정상 등극에 필요한 자원을 확보하는 사람도 있다. 그들은 많은 이가 결코 볼 수 없는 경치를 보는 것으로 보상받는다. 또 어떤 이들은 그래도 아무것도 안 하는 것보다는 뭐라도 하는 게 낫다고 생각하고 작은 봉우리부터 시작해서 언젠가 정상에 오르려고 노력하지만, 정상에 오르기까지 긴 세월이 걸리고 그 과정에서 많은 실수를 저지른다.

그렇다면 우리는 희망을 접고 더 이상 노력조차 하지 말아야 할까? 절대 그렇지 않다. 모두가 완벽한 숙면의 경지에 도달할 수는 없겠지만, 수면의 질을 개선하기 위해 우리가 할 수 있는 일은 여전히 많다.

수면의 질을 개선하기 위한 방법들

ADHD의 렌즈를 통해 당신의 수면 패턴을 살펴보고 수면에 관해 당신이 믿고 있는 것들을 다시 생각해보기 바란다. 혹시, "난 원래 많이 안 자도 돼"라던가, "난 워낙 잠이 없어. 어차피 뭘 해도 안 될걸"처럼 자신을 한정하는 설명을 붙잡고 있진 않은가? 만약 그렇다면 새로운 접근을 시도해볼 것을 권한다. 이것을 일종의 과학 실험으로 보고, 어떤 전략이 당신에게 맞는지 파악하는 것이다. 시간을 갖고 당신의 습관들을 살펴보고 작은 변화를 일으킬 방법들을 생각해보아라. 절대 쉽게 포기하지 말기를! 수면의 질을 개선할 방법을 찾는 것은 어쩌면 단지 시간이 필요한 일인지도 모른다.

매일 자연광을 흡수한다

ADHD인이 생체리듬을 조절하는 방법 중 가장 쉽게 도전해볼 만한 것으로는 아침저녁으로 자연광을 흡수하는 것이 있다. 연구에 의하면, 아침저녁으로 자연광을 쬐면 수면 주기를 조절하는 데 도움이 된다.[17] 해 질 무렵 햇빛을 쬐는 것이 반직관적이라고 생각할 수도 있지만, 해가 지고 있으니 잠잘 시간이 임박했음을 당신의 몸에 알릴 수 있다.

구름이 많은 지역에 살고 있어서 이 방법이 소용없다고 생각하는 사람도 있겠지만, 구름 사이로 비치는 햇빛도 도움이 된다고 한다. 효과를 극대화하기 위해 이른 아침이나 저녁 시간에 되도록 선글라스를 쓰지 마라. 나의 내담자들은 이 일을 좋아하는 일과 연계할 때 가장 성공률이 높다고 말했다. 이를테면 모닝 커피를 마신다거나 음악을 들으며 해 질 녘 산책을 하는 것이다. 진행 상황을 기록으로 남기고 크건 작건 변화가 있는지 살피는 것이 도움이 된다. 그런 식으로 이 습관을 지속하는 데 필요한 믿음과 의욕을 쌓아갈 수 있다.

당신의 감각이 원하는 것

세상에서 가장 편한 잠옷을 찾아보는 것도 좋고 그것을 색깔별로 사는 것도 좋다. 감싸거나 누르는 느낌을 좋아한다면 묵직한 이불이 당신에게 맞을 수도 있다. 우리 가족 다섯 중 넷은 묵직한 이불을 덮고 잔다.

소음은 어떤가? 당신은 완벽한 정적을 선호하는가? 아니면 백색 소음이나 자연의 소리 같은 배경음악이 도움이 되는가? 빛도 감각을 자극하는 요소일 수 있다. 대부분의 우리는 어두울 때 가장 잘 잔다. 자연스럽게 분위기를 조성하기가 어렵다면 수면안대를 사용하는 것도 고려해보기 바란다. 호르몬 변화를 겪고 있다면 숙면은 특히 중요하다. 대체로 서늘한 환경이 잠들기에 낫다고 한다. 다양한 실험을 통해 효과가 있는 방법과 그렇지 않은 방법을 파악해라. 잠자리에 들 때 당신의 감각이 원하는 것을 충족시킬 최적의 방법을 찾아라.

규칙적인 수면습관

과집중, 시간실인증, 그리고 일상의 온갖 책임들 때문에 쉽지 않을 것이다. 그러나 수면 시간이 규칙적으로 맞춰질수록 잠들기도, 알람이 울릴 때 침대에서 일어나기도 수월해진다. 몸에 착용하는 장치를 이용하거나 종이에 기록하는 방식으로 몇 주에 걸쳐 수면을 추적해보는 것도 좋다. 하루 중 잠들거나 일어나기에 가장 쉬운 시간대를 파악해라. 우리에겐 멜라토닌 생성이 최고조에 달하는 각자의 시간대가 있다. 그 시간을 놓치면 잠들기가 훨씬 어려워진다. 아침 시간에 우리의 각성 수준은 수면 주기에서 어느 위치인지에 따라 크게 영향을 받는다. 새벽 6시에 일어나는 건 그럭저럭 괜찮지만, 알람 버튼을 눌러서 그로부터 삼십 분 뒤에 일어나는 게 더 힘들게 느껴지는 건 바로 그런 이유 때문이다. 이론적으로는 잠을 더 잤는데도. 아마도 처음 잠에서 깨어날 때 우리는 얕은 잠을 자고 있었던 반면, 나중에 다시 깼을 땐 렘수면 주기에 있었을 것이고, 그래서 깨어나기가 훨씬 힘들었을 것이다. 평상시의 밤에 우리는 여러 차례의 렘수면 주기를 거치는데, 렘수면의 특징은 깊은 잠과 꿈이다. 최적의 시간을 파악한다면, 잠자리에 들 준비를 하기에 이상적인 시간과 깨어나기에 이상적인 시간의 범위를 파악할 수 있다.

잠들기 전에 당신이 먹고 마시는 것

우리 중 많은 이들이 야식 습관으로 인해 어려움을 겪는다. 야식은 수면에 지장을 준다. 우리는 낮에 제대로 먹지 않다가 그 결핍을 만회하기 위해 저녁에 닥치는 대로 먹는다. 결국 불편할 정도로 배가 불러서 잠을 못 잔다. 저녁에 술을 마시는 것도 수면 부족에 영향을 미치는 또 하나의 습관이다. 술은 높은 수준의 도파민을 생성하기 때문에 많은 ADHD인이 알코올에 끌리게 된다. 긴장이 풀리는 느낌으로 인해 잠이 들 수도 있겠지만 결국 얕은 잠을 자다가 한밤중에 깬다. 많은 ADHD인이 술을 마신 뒤 새벽 2시나 3시에 깨는 것으로 나타났고 그때 불안감이 밀려든다고 말한다. 이런 증상을 겪고 있다면 술을 줄이거나 끊어보자. 며칠간 금주한 다음 수면의 질이 개선되는지 확인해보는 것도 좋다. 물론 정신적 육체적으로 알코올에 의존하는 상태라면 술을 끊기 위해 반드시 전문가의 도움을 받아야 한다.

낮 시간에 충분히 움직인다

내가 운동하고 움직이라는 말을 많이 하고 있다는 걸 안다. 그러나 그럴 만한 이유가 있다. 운동은 우리 뇌에 반박할 수 없는 이득을 가져다주는 것은 물론이고 수면의 질에도 결정적인 역할을 한다. 과잉행동 증상이 심한 ADHD인에겐 그 욕구를 해소할 통로가 필요하다. 그 통로가 없으면 저녁 시간에도 각성상태가 유지된다. 매일 운동할 수 있으면 좋겠지만 그렇게 하는 것이 현실적으로 어렵다면 평소에 움직일 방법을 찾아라. 걸으면서 회의하는 것도 좋고 점심시간에 근력 운동을 하는 것도 좋고 회의 시간 틈틈이 잠깐씩 움직여보는 것도 좋다.

과집중의 토끼굴을 피한다

대체로 이런 식이다. 밤 10시에 잠자리에 들기 전, '몇 분만' 보겠다고 생각하고 소셜미디어를 본다. 그런데 정신을 차려보니 네 시간이 지났다. 덕분에 당신은 완보류 동물이라던가 그 외 어떤 이상한 주제의 전문가가 되었을 수도 있다. 하지만 그 대가는? 수면이다. 그럴 만한 가치가 있는 일인가? 대부분 그렇지 않다. 화면의 불빛이 긴장을 풀라는 뇌의 신호를 방해하는 것은 물론이고 흥미로운 정보로 뇌를 활성화하여 과집중을 촉발한 것이다. 당신을 빨아들여 몇 시간이고 깨어 있게 만드는 일들을 생각해보아라. 그리고 이제 그것들을 대체할 만한 시작과 끝이 있는 일을 생각해보아라. 잠자리에 들기 30분 전 당신의 뇌에 이제 긴장을 풀 시간이라는 신호를 주기 위해 그 일을 해라. 그렇게 해서 효과 있는 방법을 찾으면 매일 밤 그 일을 해라. 그 일이 당신의 뇌에 이제 잘 시간이라는 신호를 보낼 것이다.

삶이 허락한다면 생체리듬에 맞게 산다

아이를 돌봐야 하거나, 사회적 합의를 따라야 하는 학생이나 직장인에게는 적용되지 않는다. 그러나 그렇지 않다면, 당신이 왜 반드시 해가 뜰 때 '일어나야만' 하는지 한번 생각해보기 바란다. 딱히 그래야 할 이유가 없다면, 당신의 자연스러운 리듬에 맞게 사는 것도 좋다. 많은 ADHD인이 저녁 시간에 가장 집중이 잘된다고 말한다. 문자나 이메일 같은 방해 요소가 없기 때문이다. 당신이 좋아하는 방식으로 사는 것이 가능하다면, 당당하게 그렇게 하기 바란다.

뭘 해도 안 된다면, 도움을 받는다

할 수 있는 건 다 해봤는데도 전혀 나아지는 게 없다면, 주치의와 수면 검사 혹은 약물 치료에 대해 상담하는 것도 고려해보기 바란다. 수면은 정신적 육체적 건강의 기본이므로, 우선순위에 둘 가치가 있다.

연습: 수면 추적

다음의 추적표를 이용하여 최상의 수면을 취할 수 있는 방법을 파악하고 실천하라.

✱

수면 추적표

낮 시간이나 잠자리에 들기 전 다음의 표를 작성한다.

12

모 아니면 도

식품 영양 성분표를 읽다가 눈물을 쏟게 될 줄은 몰랐다. 나는 주방에서 샐러드드레싱이 들어 있는 유리병을 한 손에 들고 서서 문자 그대로 흐느껴 울고 있었다. 바로 그 순간 남편이 아무 생각 없이 주방으로 들어오더니 방금 내가 만든 샐러드를 흘깃 보고 말했다. "와! 맛있겠다!"

"물론 맛있겠지. 근데 난 못 먹어." 내가 쏘아붙였다.

"뭐든 필요한 거 있으면 말해." 남편이 샌드위치를 만들며 말했다. 남편은 도로 이어폰을 끼고 주방에서 천천히 나갔다. 남편은 내가 배가 고파서 화가 난 상태란 걸 알고 있었고 내 말에 논리적으로 반박하기보다는 내 눈에 안 뜨이는 편이 낫다는 걸 알 정도로 똑똑했다. 나는 엄격하게 식단을 관리하는 극단적인 다이어트를 하느라 모든 음식을 거부하고 있었다. 샐러드드레싱을 들고 왜 울었냐고? 그 드레싱의 마지막 성분이 '엿당'인 것을 방금 확인했기 때문이었다. 엿당은 설탕의 다른 이름이었고 내가 하고 있던 다이어트는 설탕은 일절 금지했다.

나는 대안을 찾기 위해 찬장을 뒤지기 시작했다. 전부 다 내가 멀리해야 하는 성분이 적어도 한 가지 이상 들어 있었다. 찬장을 뒤지면서 나의 짜증과 굶주림은 증폭되었다. 머리가 지끈거리기 시작했고 뭐라도 빨리 먹지 않으면 두통이 본격적으로 시작될 게 분명했다. 냉장고를 뒤지던 나의 눈이 피자 상자에 꽂혔다. 내가 닭고기와 채소를 먹을 때 우리 가족은 브레드스틱과 두툼한 페퍼로니 피자를 먹었다. 에라 모르겠다! 나는 피자 한쪽을 집어 식탁에 앉지도 않고 먹었다. 나는 완벽한 샐러드를 음식물 쓰레기통에 쏟아버린 다음 남편에게 말했다. "나 이번에도 실패야. 오늘 저녁엔 나가서 버거 먹고 술 마시자."

다이어트 규칙을 조금 어긴 샐러드드레싱을 먹는 대신 피자를 먹는 나의 행동이 너무도 이해가 간다면, 당신 역시 '모 아니면 도All-or-nothing'의 이분법적 사고에 익숙한 사람일 것이다.

이러한 성향은 이분법적 사고 혹은 인지적 유연성 저하로도 불린다. 미묘한 차이를 고려하지 않고 세상을 옳은 것과 그른 것, 좋은 것과 나쁜 것, 성공과 실패로만 보는 것이다. 누구나 이러한 부적응적 사고 패턴에 빠질 수 있지만 ADHD인은 유독 취약한 것으로 나타났다. 인지적 유연성은 집행기능이라는 정신적 능력 범주에 속한다. 집행기능은 무언가를 배우고 과제를 수행하고 감정을 통제하는 일련의 정신적 능력이다. 이 기능은 뇌의 전전두엽에 의해 통제되는데, ADHD인은 전전두엽에서 일반인과 다른 양상을 보인다.

제10장에서 다루었듯이 ADHD인에게는 부정적 반추 성향(그리고 부정적 사고의 악순환)이 있어서 특정한 생각에 집착하곤 하는데 주로 걱정이나 신념과 관련된 것들이다. ADHD를 갖고 있지 않은 사람도 그런 문제로 어려움을 겪을 수 있지만 ADHD인들은 거기서 벗어나기가 더 어렵다. 신념이나 걱정에 대해 반추하는 시간이 길어질수록 그것은 더욱 강력해지고 결과적으로 왜곡된 이분법적 사고로 이어질 수 있다. 우리가 주의를 집중하는 대상 이외에는 아무것도 존재하지 않는 과집중 상태 역시 이러한 왜곡을 강화하고 이분법적 사고 패턴을 굳히는 데 기여할 수 있다.

이분법적 사고의 결과

그렇다면 인지적 유연성은 왜 중요한가? 소위 '올인'을 하거나 확고한 의견을 갖는 건 좋은 것 아니냐고? 물론 좋은 것일 수도 있다. 그러나 자신의 강한 신념이나 두려움으로 인해 비판적 사고, 혹은 미묘한 차이를 검토하는 일을 회피한다면 자칫 해로운 결과를 초래할 수 있다.

이분법적 사고는 인간관계를 망가뜨리기도 한다. 적절히 통제하지 않으면 경직된 우리의 믿음과 가치에 따라 남을 쉽게 '나쁜 사람' 혹은 '좋은 사람'으로 단정할 수 있다. 중요한 사안에 대해 친구가 나와 다른 견해를 갖고 있다는 사실을 알게 되면 그와 손절하기도 한다. 좋아하는 사람들에게 엄격한 기준을 강요하다 보니 연민을 베풀 여지가 없다. 상황의 미묘함을 탐구하기를 거부할 때, 커뮤니티 내에서도 비생산적인 갈등을 유발할 수 있다.

이분법적 사고는 ADHD인의 자기 돌봄 방식에도 영향을 미친다. 먹고 자고 운동하는 문제에 있어서 우리는 제대로 하거나, 아니면 아예 하지 않거나 둘 중 하나다. 이러한 유연성의 결여 덕분에 우리는 헬스 업계의 봉이다. 우리 중 상당수는 최근에 유행하는 극단적인 다이어트나 초고강도 운동 프로그램에 등록한다. 그러나 집착이 사라지는 순간, 우리는 정반대로 가는 경향이 있다. 엄격한 프로그램을 백 퍼센트 완벽하게 수행할 수 없다면, 아예 시도조차 하지 않는 것이다. 우리 사전에 '채소를 조금 더 섭취하려고 노력한다'라거나 '되도록 매일 걷기' 따위는 없다. 소파에 늘어져 있거나 마라톤을 하거나, 둘 중 하나다.

이분법적 사고는 업무상의 목표나 개인적인 목표를 좇는 과정에서도 엄청난 방해 요인으로 작용한다. 목표를 향해 나아갈 때 우리는 일관성을 유지하는 것에 어려움을 느낀다. 왜냐하면 우리에게 일관성은 매일 최대치의 노력을 쏟아붓는 것이고, 그게 아니면 아예 안 한 것으로 치기 때문이다. 예를 들어 당신이 새로운 사업을 시작하고 일주일 내내 하루 열두 시간씩 일하면서 엄청난 성과를 냈다고 치자. 살다 보면 이런저런 일들이 생기게 마련이고, 급박한 일들이 당신의 시간을 잡아먹는다. 당신의 집중력이나 관심이 시들해질 수도 있다. 그래서 새 사업에 당신이 원하는 시간의 반밖에 쓰지 못했다. 그럴 때 당신은 이것을 실패로 단정한다. 한때 당신이 걸었던 그 속도가 아닐 뿐, 여전히 앞으로 나아가고 있다는 사실은 외면한 채로.

전부를 쏟아부으면 잠깐은 환히 빛날 수 있지만 그만큼 빨리 타버린다. 우리는 과정의 미묘한 차이를 보지 못하고 실패 혹은 대단한 성공만 본다. 그래서 너무 일찍 패배를 선언하기도 한다. 잠시 멈추고 찬찬히 살펴보았다면 꾸준히 발전하고 있음을 증명하는 소소한 성공들을 볼 수 있었을 것이고, 그 소소한 성공들이 계속 우리를 나아가게 할 의욕을 불어넣을 텐데도.

우리 커뮤니티 어느 회원은 이렇게 설명했다. "나는 전부를 쏟아붓거나, 아예 안 하거나 둘 중 하나예요. 이게 힘든 이유는, 무언가에 완전히 몰두하느라 내가 즐길 수 있거나 내게 도움이 될 만한 것들을 다 놓칠 수 있기 때문이에요. 직업적인 발전의 기회, 새 친구를 사귈 기회, 삶을 최대한 누릴 기회도 놓치는 거죠."

열정과 신념으로 변화를 만드는 사람

자칫 오해할 수도 있겠지만, 인지적 유연성을 기른다는 것은 자신의 신념이나 열정적인 목소리를 약화시키는 일이 아니다. 우리의 확고한 신념과 강한 추진력은 ADHD인으로서 변화에 필요한 가장 강력한 도구가 될 수 있다. 그러나 우리의 강력한 목소리가 양극화되고 경직된다면 우리가 원하는 삶을 영위하거나 변화를 이루는 것을 오히려 가로막을 수 있다.

나와 식단 혹은 음식과의 관계를 생각해볼 때, 내가 회색지대를 좀 더 빨리 보지 못한 것이 너무도 후회스럽다. 나는 필요 이상으로 엄격한 원칙을 고수하느라 다른 곳에 쓸 수도 있었던 집중력을 너무 많이 소모했다. 채소가 유기농이 아니거나 완벽하게 깨끗하지 않을 수도 있다는 두려움 때문에 채소를 더 많이 섭취해야 한다는 기본 원칙에 소홀했다. 매일 아침 즐겨 마시던 단백질 셰이크가 지나치게 가공된 음식이라는 생각이 들어서 어느 날 중단했다. 이러한 엄격함은 내가 갈망했던 건강한 생활방식에 전혀 도움이 되지 않았고 오히려 기력 저하와 자존감 하락을 불러왔다. ADHD와 '모 아니면 도'의 사고방식을 이해하면서 비로소 건강에 대한 나의 태도가 얼마나 편협한 것이었는지 깨닫게 되었다. 그러한 성향을 이해하고 나니 혹독한 다이어트에 성공하지 못했다는 수치심을 극복할 수 있었고 좀 더 섬세하고 유연한 방식을 택할 수 있었다. 나는 더 이상 불가능한 기준을 세우지 않았고 그렇게 자기 파괴적인 악순환을 깨뜨릴 수 있었다.

이분법적 사고에서 벗어나는 것은 더 깊고 더 존중하는 인간관계로 가는 길이기도 하다. 다양한 생각을 표현하는 것에 대한 두려움이 존재한다면, 건강한 관계를 창조하기 어렵다. 우리만의 생각에 갇혀 타협을 거부한다면 커뮤니티에서 영향력을 발휘할 수 없다. 갇힌 사고로 인해 방어적 태세를 취한다면 변화를 이룰 수 없다. 우리에게 이런 성향이 있음을 좀 더 의식하고 개선할 때, 우리와 다른 이에게 도움을 줄 수 있는 더 많은 기회가 열릴 것이다.

인지적 유연성을 기르고 이분법적 사고를 멈추는 방법

어떻게 하면 좀 더 유연하고 섬세한 사고를 할 수 있을까? ADHD는 우리에게 선천적 호기심을 주었고, 우리는 그 호기심을 이용할 수 있다. 호기심은 사고가 극단적으로 기우는 것을 막는 힘이다. 시간을 갖고 노력한다면, 미묘한 가능성을 볼 수 있도록 우리의 뇌를 다시 설계할 수 있다. 이제 중요한 전략 몇 가지를 살펴보자.

학구열을 포용한다

재미를 갈구하는 우리의 뇌는 선천적으로 호기심이 많다. 호기심 많고 학구적인 우리의 성향을 이용한다면 우리의 사고에 대한 보다 다양한 접근이 가능할 것이다. 무언가에 대해 자신이 완고하다는 생각이 든다면 "이 문제를 다르게 볼 수는 없을까?"와 같은 질문을 자신에게 던지는 것으로 시작해보아라. 예를 들어 이 장을 열었던 나의 시나리오에서, 나는 다이어트를 한순간에 완전히 집어치우는 대신 샐러드드레싱에 들어 있는 약간의 설탕을 자신에게 허용할 수도 있었을 것이다.

또 다른 질문은 "어떻게 하면 좀 더 전체적인 관점에서 이해할 수 있을까?"이다. 예를 들어 당신의 친구가 선의의 거짓말을 했다고 치자. 당신은 거짓말은 무조건 나쁜 것이라고 생각한다. 그래서 친구와 척을 진다. 그러나 좀 더 생각해보면, 친구가 거짓말을 한 것은 또 다른 친구의 감정을 보호하기 위한 것이었다. 이런 식으로 상황을 흑과 백으로 보지 않고 회색을 볼 수도 있는 것이다.

실험하는 자세로 임한다

이분법적 사고가 자기 돌봄을 방해한다면 선천적 호기심을 좋은 쪽으로 활용해보기 바란다. 자기 돌봄을 하나의 진행 중인 실험으로 보아라. 새로운 방식을 시도하되, 그 효력에 대한 평가에는 호기심을 유지해라. 새로운 방식에 무턱대고 도전했다가 탈진해서 "이 방법은 나한테 안 맞아!"라고 결론짓기란 너무도 쉽다. 그러나 과거의 습관으로 너무 쉽게 돌아가거나 마음이 끌리는 또 다른 방식으로 바로 옮겨간다면, 마지막 실험을 통해 얻은 교훈을 놓칠 수 있다. "이 방법은 나한테 안 맞아!"에서 "이 방법에서 성공적이었던 점은 무엇일까?"로 생각을 바꾸어보아라. 어떤 장애물이 있었는지, 여기서 배운 점을 다음번 도전에 어떻게 활용할 수 있을지 생각해보아라. 열린 마음으로 실험에 임한다면, 좋았던 점을 활용하여 당신의 정신적 육체적 건강에 가장 도움이 되는 습관과 훈련을 개발할 수 있을 것이다.

메아리의 방에서 보내는 시간을 의식하고 줄인다

현대 사회는 이분법적 사고를 극복하기가 어려운 쪽으로 진화했다. 소셜미디어 알고리즘은 이미 우리가 동의한 관점만 제공하도록 설계되어 있다. 우리는 우리와 똑같은 편견을 갖고 있는 정보원에 무의식적으로 끌리고 우리와 같은 관심사와 가치관을 가진 친구들을 끌어당긴다. 나와 생각이 비슷한 사람들과 시간을 보내는 것은 전혀 잘못된 일이 아니다. 커뮤니티는 우리에게 위안을 주고 힘을 줄 수 있다. 그러나 우리와 같은 목소리를 내는 사람들에게만 둘러싸이는 것의 부정적인 측면 또한 인지해야 한다. 미묘한 차이를 보는 능력을 기르고 싶다면, 자주 찾는 공간에서 얼마나 다양한 의견들이 나오고 있는지 주의를 기울여라. 건설적인 토론이 이루어지는가? 깊이 있는 토론의 장이 있는가, 아니면 절대다수와 다른 가치관을 가진 사람의 의견은 바로 차단당하는가? '안전지대'와 '서사가 통제되는 공간'의 차이를 인지하는 것은 중요하다. 단 하나의 세계관만을 허용하는 커뮤니티에 속해 있다면, 사고의 다양화를 추구해보는 것이 도움이 될 것이다.

연습: 당신의 생각들을 점검하라

이분법적 사고에 갇혀 있다는 생각이 들 때, 자신에게 물어라.

- 나의 의견은 생각에 근거한 것인가, 사실에 근거한 것인가?
- 나에겐 어떤 다른 선택들이 있는가?
- 어떤 다른 진실이 존재할 수 있는가?
- 나는 왜 이것이 이 문제를 해결하는 유일한 방법이라고 생각하는가?

13

음식과 영양 섭취의 문제

둘째 아이를 낳고 열흘째 되던 날, 나는 냉동실 문을 열어놓고 바닥에 주저앉아 울었다. 한데 뒤엉킨 채 얼어붙은 냉동용 비닐백을 찢지 않고 분리해보려고 30분 동안 애를 썼지만 허탕이었다. 짧은 낮잠을 자던 딸이 깨는 소리가 들렸고, 이제 내가 친 사고를 수시로, 틈틈이 수습하며 남은 하루를 보내야 했다. 나는 냉동실에 기대었고 잠시 쏟아지는 눈물에 몸을 맡겼다. "내가 좀 편해보려고 하는 일들은 왜 매번 이렇게 엉망으로 끝날까?" 나 자신에게 물을 수밖에 없었다.

임신기간의 마지막 몇 주 동안 나는 조리법에 따라 열심히 냉동 음식을 준비했다. 음식을 만들 여력이 없을 때 쓸 비상식량을 만들어둘 생각이었다. 걸음마를 하는 아이와 신생아를 돌보다 보면 음식을 만들거나 청소할 여력이 없을 것 같았다. 더구나 나는 도움을 청하는 것에 젬병이었고 처음 엄마가 되었을 때 얼마나 쩔쩔맸는지 솔직히 창피할 정도였다. 나는 밀프렙이 답이라고 생각했다. 나는 레시피를 고르고 식재료를 사고 밀프렙을 만들고 치우는, 여러 단계를 거쳐야 하는 혼란스러운 작업을 해낸 나 자신이 너무도 자랑스러웠다.

그러나 바로 그 순간 뿌듯함은 사라졌다. 내가 간과한 한 가지 사소한 문제가 너무도 명백하게 드러났기 때문이었다. 밀프렙을 만드는 전 과정에 너무 진을 뺀 나머지, 냉동실에 넣을 때 그 사이에 딱딱한 종이를 끼워 넣어서 밀프렙을 분리해두는 수고를 하지 않은 것이다. 당시엔 불필요한 일처럼 느껴졌다. 그런데 냉동실을 열어보니 내가 만든 밀프렙들이 거대한 하나의 덩어리로 엉겨붙어 있었다. 몇 개를 망가뜨려서 바닥을 난장판으로 만들지 않고서는 분리할 수 없었다.

좋은 뜻으로 한 일이었는데 실패로 끝났다. 괜한 고생을 했고, 음식, 돈, 그리고 소중한 에너지를 낭비했다. 눈물을 닦고 아기를 안으며 남편에게 말했다. "오늘도 그냥 배달시켜야겠어."

ADHD인에게 음식이 그토록 어려운 문제인 이유

ADHD인에게 영양 섭취는 심각한 사안이다. 연구에 의하면 우리가 섭식장애에 걸릴 확률은 아홉 배가 더 높다.[18] 혹시 당신이 그중 한 명이라면, 반드시 자격을 갖춘 전문가의 도움을 받는 것을 고려해보기 바란다.

식습관과 관련한 병이 없다고 해도 우리와 음식과의 관계는 여전히 복잡하다. 아침에는 먹는 것을 깜빡하지만 오후 5시에는 온 집 안에 음식이 남아나질 않는다. 우리는 최근에 유행하는 혹독한 다이어트 중이거나, 매 끼니를 시리얼로 때운다. ADHD는 다양한 이유와 방식으로 우리의 식습관에 영향을 미치고, 종종 우리의 혼란스러운 식습관을 이해하는 중요한 단서가 된다.

과집중 상태일 땐 ADHD가 영양 섭취의 요구를 외면하게 만든다. 과집중 상태가 아닐 땐 음식을 자극원으로 이용하기도 한다. 도파민 생성이 부족하다 보니 은연중에 빠른 보상을 찾게 되고 때로는 음식이 그 욕구를 채워준다.

우리 커뮤니티의 사라는 그러한 도파민 주기를 자신에게서 발견했다. "ADHD 때문에 종종 도파민을 얻기 위해 음식을 이용해요. 이것이 섭식장애로 이어지고 체중 증가를 유발하죠. 따분하거나 슬프거나 화가 나거나 그 외 도파민이 필요한 상황에서 먹을 것을 찾아요. 아주 오랫동안 그런 나 자신에게 엄청난 수치심을 느꼈어요. 우리 사회의 다이어트 문화 때문에, 내가 식탐이 많고 의지력이 부족해서 과식하는 거라는 믿음을 갖게 되었죠. 이제는 ADHD를 가진 사람이 도파민을 얻기 위해 음식에 기대는 것이 지극히 자연스러운 일이라는 걸 알아요. 소위 '도파민 채굴'이죠. 음식에 기대지 않고 도파민 욕구를 어떻게 채워야 하는지 알아내는 건 여전히 어려운 일이에요. 하지만 적어도 지금은 내 상태를 좀 더 잘 파악하게 되었고 수치심이나 자기 증오는 느끼지 않아요. 자기 인식이 있다면 이 싸움에서 반은 이긴 거예요."

감각의 문제 또한 우리의 식습관에 영향을 미친다. 냄새나 식감에 대한 거부감 때문에 음식 선택의 폭이 좁아진다. 한동안 좋아했던 음식이 어느 날 갑자기 싫어지는 것도 상황을 악화시킨다. 나의 경우 그런 상황은 대체로 문제의 그 음식을 잔뜩 쟁여놓은 직후에 발생한다.

압도감에 취약한 것 또한 우리의 식습관에 영향을 미친다. ADHD인이 음식을 섭취하기까지의 전 과정이 온갖 난관으로 점철된 셈이다. 식사를 준비하는 일은 우리에게 의사결정 피로와 반추의 기회를 제공한다. 어떤 음식을 만들지 마침내 결정하고 나면 과잉 자극이 있는 북적이는 마트에 가야 한다. 집에 돌아오면 채소를 정리해야 하고 동시에 냉장고에 채소가 있다는 사실을 기억해야 한다. 저녁 식사를 준비해야 할 시점에는 이미 하루 종일 내키지 않는 일을 하기 위해 억지로 의욕을 끌어다 쓰느라 지친 상태여서 음식을 만들고 치울 여력은 남아 있지 않다. 한 주가 끝날 무렵 채소는 또다시 시들어버리고 외식비는 기하급수적으로 늘어난다. 우리의 수치심 역시 마찬가지다. 좌절감이 들겠지만, ADHD가 이 상황에 어떤 식으로 작용하는지 이해하면 지속 가능한 해결책을 찾을 수 있다.

때로는 시간을 거슬러 바닥에 주저앉아 울고 있는 그날의 나에게로 돌아가 나를 안아주고 싶다. 가족을 위해 식사를 준비하는 일이 필요 이상으로 어렵게 느껴져도 괜찮다고 말해주고 싶다. 음식 만드는 일을 어렵게 만드는 ADHD의 여러 요인을 설명해주고 너는 패배자가 아니라고 말해주고 싶다. 가족을 위해 식사를 준비하는 너만의 방식을 찾을 수 있을 거라고, 그러면 매일 울지 않아도 될 거라고 다정하게 말해주고 싶다.

모든 식사를 손수 준비해야 하는 것은 물론이고 식사를 창의적으로 준비해야 한다는 사회적 압박은 너무도 크다. 우리가 만드는 음식이 맛도 영양도 훌륭해야 한다는 우리 자신의 강박은 말할 것도 없다. 우리는 소셜미디어에 올라온 아름다운 음식이 우리의 노력을 평가하는 기준이 되어야 한다고 믿는다. ADHD인 중 상당수는 음식의 중요성에 대해 과잉 사고하고 반추한다.

신경다양성으로 인해 그러한 기대에 부응하기가 힘들다 보니 음식에 대해 우리가 느끼는 어려움이 우리 자신의 '부족함' 때문이라고 내면화하기가 쉽다. 신경다양성으로 인한 추가적인 어려움이 아니더라도, 식사에 대한 우리의 기대치가 여전히 너무 높다는 것이 나의 생각이다.

영양 섭취에 대한 기대를 내려놓는다면 우리의 삶이 얼마나 수월해질까. 바나나와 단백질 셰이크는 너무 개념 없는 아침 식사라고 말하는 목소리를 무시하고, 그저 각자의 상황에 맞는 식사를 포용하면 어떨지.

ADHD인을 위한 영양 섭취 전략

생물학적 욕구를 충족시키는 문제에 관한 생각을 바꾸기란 쉽지 않겠지만 시도해볼 가치는 있다. 다양한 실험을 해보고 우리의 독특한 욕구를 해소한다면, 좀 더 안정감을 느끼고 배고파서 화나는 일이 줄어들어 좀 더 흥미로운 일을 위해 우리 뇌의 중요한 공간을 비워둘 수 있을 것이다.

먼저 당신의 식습관에 가장 큰 영향을 미치는 요소가 무엇인지 파악해볼 것을 권한다. 그다음엔 다음 중 한 가지를 선택해서 시작해보아라. 획기적인 변화를 이루고 싶겠지만, 시간이 흐를수록 미세하게 일어나는 변화야말로 우리 삶에 가장 막대한 영향을 미친다.

화나기 전에 먹는다

"배고플 때 먹어라"라는 조언은 많은 이에게 통하는 단순한 조언이지만 ADHD인에게는 적절하지 않다. 그보다는 "배가 고파서 화가 나기 전에 먹어라"가 더 적절하다. 우리 중 대다수는 배고픔의 신호를 잘 알아차리지 못한다. 따라서 배가 고프다는 사실을 깨달을 때까지 먹는 것을 미루는 것은 너무 많이 미루는 것이다. 일과에 정해진 식사 시간을 포함하는 것이 도움이 된다. 별로 먹고 싶지 않더라도 조금이라도 먹는 편이 아예 안 먹는 것보다 낫다. 아무 때고 영양 섭취가 필요할 때 바로 섭취할 수 있는 빠르고 간편하고 영양이 풍부한 음식을 준비해두는 것도 좋다. 단백질은 도파민 생성에 너무도 중요하기 때문에 식욕이 없거나 먹을 시간이 없어서 대충 때우고 싶을 때 견과류나 삶은 달걀, 단백질 셰이크 같은 간편한 고단백 식품을 쟁여두는 것이 좋다. 화나기 전에 먹는 것의 목표는, 먹는 시간을 확보하고 먹을 것을 미리 준비해둬서 영양 섭취를 의도적으로 최우선 순위에 두는 것이다.

한 번에 몰아서 한다

식기 세척기에 마지막 접시를 넣고 나면 이 일을 매일, 하루에도 여러 번, 평생 해야 한다는 사실이 나를 압도한다. 음식 만드는 일의 반복적인 특성과 그 일에 따르는 온갖 미세한 결정들이 번아웃을 유발하는 가장 큰 요인이라면 밀프렙을 만들어보는 것도 도움이 된다. 밀프렙이란 말이 그 자체로 부담스럽게 느껴질 수도 있지만 ADHD인에게 맞게 변형할 방법은 얼마든지 있다.

나는 몇 주에 한 번 시간을 내어서 냉동해두었다가 필요할 때 꺼내 슬로우쿠커로 조리할 수 있는 몇 끼 분의 식사를 만들어놓는다. (냉동 지퍼백 사이에 종이를 끼워 넣는 것을 절대 잊지 말기를!) 나는 다섯 개에서 여덟 개의 식사 메뉴를 고르고 열 개에서 열여섯 개가 되도록 재료의 분량을 두 배로 계산한 다음, 재료를 마트에 미리 주문해둔다. 그다음엔 몇 시간에 걸쳐 음식을 만들고 치우면, 내가 부담을 좀 덜고 싶을 때마다 간편하게 쓸 수 있는 몇 끼의 식사가 준비된다. 이런 방식이 너무 어렵게 느껴진다면, 작은 것부터 시작해라. 냉동이 가능한 음식을 만들 때 두 배로 만들어서 하나는 그날 사용하고 하나는 냉동해라. 그러다 보면 음식을 만들 기력이 없을 때 사용할 수 있는 냉동 음식들이 서서히 쌓인다.

ADHD인이 응용해볼 만한 또 다른 밀프렙 제조 방식으로는, 대량의 단백질을 미리 조리해두고 그것을 이용하여 몇 끼 식사를 준비하는 것이다. 예를 들면, 다진 고기를 잔뜩 조리해서 얼려두고, 그것으로 스파게티 볼로네즈, 한국식 불고기덮밥 등으로 다양하게 활용하는 것이다. 단백질 음식을 미리 조리해서 쟁여두는 것은 음식에 대한 스트레스를 줄일 수 있는 효율적인 방법이다.

보이는 곳에 둔다

채소를 많이 섭취하기 위해 내가 한 일 중 가장 잘한 일은 채소 보관실에 채소를 넣지 않는 것이다. 눈에 보이지 않으면 잊어버리는 것이야말로 ADHD인에게 아주 심각한 문제여서 우리의 냉장고 속에서는 늘 예정에 없던 과학 실험이 진행 중이다. 유통기한이 임박한 음식은 보이는 곳에 두어라. 남들 눈에 보기 좋도록 냉장고를 정리하는 것을 포기하고라도 그렇게 해라.

거기에 한 가지를 더 추가해서 냉장고의 식재료를 기억할 수 있는 방법을 찾아라. 냉장고에 자석형 화이트보드를 붙여놓고 지난주에 산 식재료를 적어두는 것도 좋고, 장 본 식재료의 사진을 찍어 휴대전화에 저장해두는 것도 좋다. 어떤 식재료가 있는지 기억이 나지 않을 때 휴대전화 앨범에서 확인해본다.

간편식을 확보한다

아주 간단한 음식조차 만들 엄두가 나지 않을 때 쉽고 빠르게 식사를 해결할 방법들을 미리 생각해두어라. 간편 영양식을 미리 준비해두는 것처럼 간단한 방법도 좋고, 십 분 만에 완성할 수 있는 음식의 레시피를 따로 정리해두는 것도 좋다. 분석 마비에서 벗어나기 위해 도움이 필요할 때 참고할 수 있도록 쉽게 찾을 수 있는 곳에 간편 영양식의 사진 목록을 보관해라.

지름길을 포용한다

조리된 식재료나 음식을 살 여력이 된다면 주저하지 말고 활용해라. 나는 마트에서 파는 다진 양파를 애써 외면하며 긴 세월을 보냈다. 양파 정도는 내가 썰어야 한다는 생각 때문이었다. 사실 나는 양파 써는 일을 싫어한다. 냄새도 싫고 눈물이 나는 것도 싫고 전부 다 싫다. 그래서 양파를 사놓고 어떻게든 양파 써는 일을 피하다가 결국엔 양파를 버린다. 직접 해보겠다고 아꼈던 돈은 쓰지도 않고 버릴 식재료에 의해 낭비되었다. 나의 내담자 중에도 음식과 관련하여 지름길을 이용하는 것에 엄청난 수치심을 느끼는 사람이 있다. 사놓은 식재료를 끝내 사용하지 못할 때 수치심은 더욱 심해질 뿐이다. 조리된 재료로 음식을 좀 더 빠르게 만들 수 있다면 '이래야만 한다'는 생각을 버리고 활용하기 바란다. 손질된 채소를 사서 채소를 좀 더 먹을 수 있다면 그것만으로도 큰 수확이다.

재미를 더해라

음식을 미리 계획하는 것의 가장 큰 장벽이 메뉴 결정이라면 '뽑기'로 결정해보는 것도 좋다. 색인 카드에 당신이 가장 좋아하는 음식들의 조리법을 정리해두어라. 카드마다 필요한 식재료도 적어두어라. 장 보러 가는 날 카드를 섞고 필요한 개수만큼 메뉴를 뽑아라. 이렇게 결정하면 분석 마비를 방지할 수 있고 언제든 필요한 식재료를 확인할 수 있다.

연습: 냉동 밀프렙 만들기

✻
ADHD인을 위한 밀프렙 만들기

| 1단계 | 세 개에서 여섯 개의 슬로우쿠커 레시피를 선정한다. |

| 2단계 | 필요한 식재료 목록을 적는다. |

| 3단계 | 식재료를 구입한다.
나는 압도감을 방지하기 위해 주로 온라인 쇼핑을 한다. |

| 4단계 | 음식을 만드는 동안 들을 노래나 방송을 선택한다.
음식을 만들어 냉동용 비닐백에 넣는다. |

| 5단계 | 비닐백 사이에 종이를 끼워 냉동실에 넣는다.
절대 이 작업을 빠뜨리지 말기! |

| 6단계 | 치우고 자축한다! |

14

재정관리의 문제

그 주 초, 요청해서 받은 개인 신용평가서를 보고 나는 충격과 공포에 휩싸였다. '510'이라는 숫자와 '매우 가난'이라는 평가가 날 노려보고 있었다. 그 세 개의 숫자가 나의 연애를 끝장낼 게 분명했다.

나는 몇 달 전에 약혼했고 남자친구가 내게 푹 빠져 있다고 확신했다. 그는 책임감 있고 건실하며 똑똑하고 재미있는 사람이었다. 내 생각엔 나 역시 똑똑하고 재미있는 사람이었지만 그보다는 나의 즉흥성과 창의성이 우리 관계의 균형을 맞추고 있었다. 우리 두 사람의 성격은 비슷하면서도 서로를 보완할 수 있을 정도로 달랐다. 우리의 관계는 더할 나위 없이 좋았다. 그러나 내겐 비밀이 하나 있었다. 나의 우편함에 날아든 신용평가서 때문에 조만간 털어놓아야 하는 비밀이었다.

　나의 형편없는 재정관리 능력에 대해 내가 그동안 거짓말을 했던 건 아니었다. 돈 문제를 수습하느라 혼자 난리를 치면서도, 내가 잘하고 있을 거라고 그가 짐작하도록 내버려둔 것뿐이었다. 그와 막 사귀기 시작했을 때 나는 그를 추궁해서 첫 번째 약혼자와 헤어진 이유를 실토하게 했다. 그는 여러 가지 해소할 수 없는 차이에 대해 언급했는데, 그중 한 가지 이유가 나에겐 마치 교외 어느 베이지색 주택가에 설치된 네온사인 간판처럼 튀었다. 그의 전 약혼자에겐 엄청난 빚이 있었고, 나의 약혼자에게 그것은 결정적인 파혼 사유였다. 그는 자신이 경제적 안정성과 책임감을 중요한 가치로 여기는 사람이라고 말했다. 그게 얼마나 중요한지 그가 설명하는 동안, 나는 잠자코 들었다. 그 뒤로 나는 지출을 줄이고 신용카드 대금을 내고 학자금 대출을 갚기 위해 최선을 다했다. 나의 소비 습관을 바꾸어서 내가 돈에 대해 무책임한 사람이 아니라는 걸 증명할 시간이 충분하다고 생각했다. 그러나 시간은 덧없이 흘러갔다.

　신용점수가 좋지 않을 거라고 예상은 했지만 510점이라니, 생각했던 것보다 훨씬 더 형편없었다. 눈물과 두려움이 동시에 나를 강타했고 나는 내 신용점수가 어떻게 그렇게 낮을 수 있는지 의문이 들었다. 나는 이제 겨우 스물넷이었고 신용카드를 사용한 기간도 길지 않았다. 월세도 잊지 않고 내고 있었고 카드 대금을 제때 내지 못한 건 한두 번뿐이었다. 그 정도로 나의 신용점수가 이렇게 엉망이 되진 않았을 것이다. 신용평가서를 훑어보는 동안, 마치 내가 저지른 과거의 모든 잘못들이 도로 내게 날아오는 것 같은 기분이 들었다.

찬찬히 살펴보니 카드 대금을 제때 못 낸 게 한두 번이 아니었다. 잠시 후 나는 상황이 그보다 훨씬 더 심각하다는 걸 알았다. 신용평가서를 한 줄 한 줄 읽어 내려가면서 나는 일 년 전의 이사를 떠올렸다. 그때 너무 정신이 없어서 몇 달 동안 주소 변경을 하지 않고, 그래서 청구서 몇 개를 받지 못했다. 계속 아래로 내려가 보니 맨 아랫줄에 내가 저지른 최악의 실수가 보였다. 나는 신용카드 대금 회수팀으로 이관되어 있었다. 내가 납부하지 않은 금액은 도서관 연체료 27달러였다.

신용점수가 필요했던 건 결혼식 직전에 마감되는 주택자금 대출을 신청하기 위해서였다. 연체료 27달러 때문에 생애 첫 주택 매입이 좌절될 위기인 데다 어쩌면 남자친구와의 관계도 끝장날 수 있었다. 나는 완전히 넋이 나갔다. 약혼자가 신용평가서를 받았냐고 물었을 때 나는 "아직"이라고 대답할 수밖에 없었다.

그로부터 며칠 뒤 나의 신용평가서를 그에게 내밀었을 때 그는 의외의 반응을 보였다. 대출을 받을 수 있을지 잘 모르겠다고 걱정했지만, 내가 솔직하게 말해주지 않은 것에 더 실망했다고 말했다. 우리는 그제야 재정문제에 관한 대화를 나누었고 그것은 우리에게 너무도 필요한 대화였다. 그는 나의 재정적 실수가 나의 가치를 깎아내리진 않는다고 말했다. 나는 앞으로는 책임감 있게 행동하겠다고 맹세했고 실제로 한동안은 그럴 수 있었다.

처음에는 과잉 교정으로 인해 지나치게 검소한 생활방식을 고수했다. 쿠폰을 모으는 일을 게임처럼 했고 모든 생필품을 최저가로 사려고 노력했다. 나의 모든 집착적 행동이 그랬던 것처럼 어느 순간 이러한 방식이 지겨워졌고, 나 자신이 아닌 다른 사람이 되려고 이토록 안간힘을 쓰며 살아야 한다는 사실에 화가 났다.

우리의 경제관념 차이는 지난 18년간의 결혼생활에서 거의 모든 갈등의 원인이 되었다. ADHD 진단을 받고 나서야 나는 비로소 그 이유를 이해할 수 있었다. 나의 ADHD를 이해하고 나니 비로소 오랫동안 느껴왔던 수치심에 시야를 가리지 않고 과거 나의 재정문제를 분석할 수 있었고 내게 맞는 방식을 찾을 수 있었다.

혹시 돈과의 복잡한 관계로 인해 어려움을 겪고 있다면, 당신은 혼자가 아니다. 우리의 재정문제가 우리의 인격이나 미래를 결정짓지 않는다. 지속 가능한 변화를 이루기 전에 먼저 과거의 자신에 대해 연민을 갖는 것에 집중해라. 마음을 열고 "내 재정 상태를 개선하려고 노력할 때마다 매번 실패했어"라는 당신의 서사에 의문을 제기해라. "예전엔 지금처럼 나 자신에 관한 정보가 없었어"로, 혹은 "ADHD를 더 잘 이해하게 된 지금은 나의 뇌에 맞는 방법을 찾을 수 있어"로 바꾸어라. 과거에 이미 써버린 돈은 어쩔 수 없지만 미래의 돈과의 관계는 개선할 수 있다.

ADHD인에게 맞는 재정관리

충동성은 다른 장에서 다루었던 압도감, 따분함에 대한 인내심 부족, 이분법적 사고와 함께 많은 ADHD인에게 재정문제를 유발하는 요인으로 작용한다. 돈 관리에 대한 우리의 접근을 이해하고 실험을 통해 우리에게 맞는 방법을 찾아야 한다.

감시 장치를 만든다

우리가 자신에게 하는 가장 흔한 거짓말 중에는 "나중에 찬찬히 살펴봐야지", "나는 나의 재정 상태를 꽤 잘 파악하고 있어" 같은 것들이 있다. 그러나 ADHD를 가진 우리는 기억력이 형편없는 경우가 많고(제4장에서 설명), 따라서 그렇게 말하면서도 우리가 실제로는 나중에 재정 상태를 확인하지 않는다는 뜻이고, 우리의 머릿속 계산에 포함되지 않은 몇 번의 구매가 일어날 수 있다는 뜻이다. 일주일에 한 번 우리의 재무 상태를 감시하는 단순한 규칙을 만들어두면 보다 체계적으로 청구서와 구독료 등을 관리할 수 있다.

만약 이 조언마저 당신에게 "말은 쉽지!"로 분류된다면, 주 단위로 해야 하는 다른 일정과 묶어서 재정 감시의 중요성을 자신에게 일깨울 방법을 생각해보아라.

'시간 상자' 역시 여기서도 아주 유용하다. 재정관리가 별로 내키지 않는 일이라면 더더욱 그렇다. 이것은 재정 상태를 점검하기 위해 아주 적은 양의 시간을 투자하는 것이다. 그 시간은 5분 정도로 아주 짧을 수도 있다. 타이머가 울리면 어디까지 점검했건 상관없이, 점검을 중단하고 다른 일을 한다. 재정 상태를 점검하는 일의 위압감을 줄이고 쉽게 접근할 수 있는 하나의 일과로 만드는 것이다. 시간 상자를 통해 재정 감시의 동력을 구축할 수 있고 이 일을 실천할 수 있는 작은 조각들로 나누어서 우리의 뇌가 재정문제를 둘러싼 정신적 장애물을 극복하는 것을 돕는다.

미세한 변화로 시작한다

ADHD인은 새로운 방법을 시도할 때 종종 끝장을 보고 싶어 한다. 그러나 장담하건대 만약 당신이 돈에 관한 스무 개의 엄격한 규칙을 자신에게 적용한다면, 당신의 뇌는 반항할 것이다. 그리고 신경 쓰는 게 지긋지긋하다는 생각이 드는 순간, 온라인에서 폭풍 쇼핑을 할 것이다. 한 번에 아주 작은 목표를 하나 정하고 매주 실천했는지 확인해라. 성공 여부만 평가하지 말고 그 변화를 이루기 위해 얼마나 노력했는지도 평가해라. 그 목표를 실천하는 것이 덜 고통스러워지고 좀 더 자연스럽게 느껴진다면, 또 하나의 작은 변화를 추가할 때가 되었다는 뜻이다. 시간을 들여 조금씩 변화를 이루어라. 작은 변화들이 쌓여가면서 돈에 관한 당신의 의식이 높아지는 것을 지켜보아라.

충동구매를 어렵게 만든다

앞 장에서 우리는 충동구매를 어렵게 만드는 전략들을 살펴보았다. 그 전략들을 바탕으로 충동구매를 방지하기 위해 가장 좋아하는 온라인 쇼핑몰에 저장해둔 신용카드를 삭제해라. 내친김에 홍보용 이메일 구독도 취소해라. 자제력이 생길 때까지 애플페이와 같은 편리한 결제 기능을 정지시키는 것도 필요할 수 있다.

재정관리가 따분해지면 게임처럼 한다

재정문제를 슬롯머신 다루듯 하라는 얘기가 아니다. 이를테면 저축 챌린지 게임 같은 것에 동참하는 것을 두고 말하는 것이다. 온라인상에 혹은 집 안에 돈과 관련된 게임을 하나 만들어두면 돈 관리에 좀 더 쉽게 접근할 수 있다. 돈 관리의 틀을 제공하는 앱들도 많다. 창의력을 발휘하여 재미있고 쉬운 돈 관리법을 찾아보아라.

수치심은 회피를 낳는다

때로 우리의 재정건전성을 확보하는 것은 꿀팁이나 비법, 규칙보다 훨씬 더 심오한 문제다. 돈과의 관계에서 우리가 느끼는 수치심이 얼마나 크게 작용하는지 우리는 알아야 한다. 돈 얘기를 해서는 안 된다고 배워서 고객들에게 청구서를 보내는 것에 어려움을 느낄 수도 있다. 놓쳐버린 결제일과 청구서에 대한 죄책감 같은 부정적인 감정들을 대면하기가 싫어서 재정 상황을 들여다보는 것을 회피할 수도 있다. 혼자 힘으로 해결할 수 없는 일이라는 걸 알면서도 전문가의 도움을 거부할 수도 있다. 수치심 때문에 재정적인 문제를 회피하고 있다면 정신건강 전문의와의 상담을 통해 돈에 대한 개념을 재정립하고 과거의 경제적 트라우마를 극복하는 데 필요한 도움을 받는 것이 좋다.

신경다양성을 이해하는 재정전문가를 찾는다

재정관리 문제를 해결하기 위해 도움이 필요하다는 결론에 도달한 ADHD인은 드물지 않다. ADHD가 우리의 재정적 과오에 미친 영향을 이해하지 못하는 재무상담사를 만나 부정적인 경험을 했던 사람 또한 드물지 않다. 우리 중 상당수는 재무상담사 때문에 수치심을 느낀 적이 있고 그로 인해 도움을 청하는 것을 망설이게 되었다. 고무적인 소식이 있다면 점점 더 많은 상담사들이 신경다양성을 이해하고 있고 그것이 고객에게 미치는 영향에 대해 공부하고 있다는 것이다. ADHD인에게 특화된 관리를 제공하는 재무상담사도 있다. ADHD 고객 전문이라고 대놓고 광고하는 상담사를 찾기 어렵다면, 상담사를 고용하기 전에 미리 얘기해보아라. 그들이 ADHD를 제대로 이해하고 있는지 알아보고 그들의 답변을 듣고 결정해라.

연습: ADHD와 관련하여 재무상담사에게 해야 할 질문들

- ADHD 고객을 상담한 경험이 있는가?
- ADHD 고객과 상담할 때 방식이 어떻게 달라지는가?
- ADHD 고객들은 주로 겪는 재정적 문제는 어떤 것들인가?
- 고객의 요구에 맞추어 서비스를 제공하는가?
- ADHD 고객과의 성공 사례가 있는가?

전문가를 인터뷰할 때 낙인이나 비난의 징후가 있는지 관찰해라. 당신에게 맞는 사람이 아닌 것 같다는 느낌이 들면 당신의 직관을 믿어라. ADHD에 특화된 재무상담사를 찾기가 어렵다면 팟캐스트나 소셜미디어 크리에이터 중에도 요긴한 정보를 무료로 제공하는 사람들이 있다.

15

거절 민감성 불쾌감

'제이미는 날 미워해.' 나는 생각했다. 첫 출장과 관련하여 상사와 잠깐 통화한 뒤 나의 머릿속은 온통 지역 본부장 제이미 생각뿐이었다. 출장이 얼마나 즐거웠는지 신이 나서 얘기하고 있는데 상사가 내게 이런 질문을 던졌기 때문이었다. "메러디스, 혹시 좀 수줍어하는 편이에요?"

그 질문에 나는 얼어붙었다. 단 한 번도 내가 수줍어한다고 생각해본 적이 없었고, 상사도 나를 그렇게 보고 있지 않을 거라고 확신했다.

"그렇진 않은데요. 왜요?" 내가 물었다. 상사는 제이미와 통화를 했다면서 제이미가 나를 두고 똑똑하지만 수줍어하는 것 같다고 했다는 말을 전했다.

그때까지 나는 '수줍다'는 말에 대해 별로 생각해본 적이 없었지만, 남은 출장 기간 내내 그 말의 의미를 곱씹었다. 제이미와 상사의 대화가 어떤 식으로 진행되었을지 머릿속에서 온갖 드라마를 썼다. 전부 다 부정적인 생각들이었지만 내가 가장 집착했던 시나리오는 이것이었다. "메러디스는 좀 적극성이 떨어지네요. 혹시 수줍어하는 성격인가요?"였다. 수줍어한다는 말은 캘리포니아까지 나를 쫓아왔고 내가 참석하는 모든 사교모임, 전직원 회의, 팀 회식에까지 따라다녔다. 내가 수줍지 않다는 걸 증명하기 위해 할 수 있는 일을 다 했고, 어느 순간 나는 과잉 보상과 과잉 사고로 탈진했다. 그 일을 그만두고 새 출발을 할 기회가 주어졌을 때 나는 속으로 안도했다. 새 직장에서는 나의 인상을 완벽하게 관리해서 내가 부족하다고 느끼거나 거절당하는 기분을 느낄 일이 전혀 없기를 바랐다.

그로부터 15년 뒤, ADHD 진단을 받고 몇 달이 지난 어느 날, 인터넷 방송을 듣다가 '거절 민감성 불쾌감'에 대한 어느 전문가의 설명을 처음 들었다. 나는 깜짝 놀랐다. 마침내 부정적인 피드백과 거절에 대한 나의 과민 반응을 설명할 단어를 찾은 것이었다.

거절 민감성 불쾌감이란 무엇인가

누군가의 에너지나 태도가 살짝 바뀌는 것을 느끼는 순간 당신이 그를 화나게 했다고 생각한 적이 있는가? 실패했을 때 느껴질 감정이 두려워 정말 원하는 일을 포기한 적이 있는가? 대화 중에 누군가 무심코 내뱉은 말을 몇 주 혹은 몇 달 동안 곱씹은 적이 있는가? 당신이 보낸 문자메시지에 답하지 않은 친구에게 성난 문자를 보냈는데 알고 보니 그 친구는 문자를 못 보았을 뿐이어서 친구를 잃은 적이 있는가?

그렇다면 당신도 거절 민감성 불쾌감을 경험한 것일 수 있다. ADHD 전문가 윌리엄 도슨 박사에 의하면 거절 민감성 불쾌감Rejection Sensitive Dysphoria은 인지적, 현실적, 혹은 가상의 거절에 대한 반응으로, 사건 자체에 비해 거절을 과도하게 크게 느끼는 것을 뜻하는 말이다.[19] 별도의 진단명은 아니지만, 정신의학 분야에서는 부정적으로 인식되는 사건에 대한 과도한 반응을 일컫는 말로 사용되고 있다. 거절 민감성 불쾌감은 불안을 나타내는 신체적 증상으로 나타나기도 하고, 사건 도중 혹은 사건 이후의 생각으로 나타나기도 한다. 거절과 부정적인 반응을 싫어하는 것은 인간에게 지극히 자연스러운 일이지만, 거절 민감성 불쾌감의 경우 극단적인 반응을 보이는 것이 특징이다. 대부분의 사람들에게 거절 민감성 불쾌감은 너무도 끔찍할 뿐 아니라 어떤 상황을 촉발하는 것에 그치지 않고 장기적으로도 영향을 미친다.

누구든 거절 민감성 불쾌감을 겪을 수 있지만 여러 가지 이유로 ADHD인들 사이에서는 더 흔하게 나타난다. 우리가 감정 조절에 어려움을 느끼는 것도 분명 중요한 요인일 것이다. 우리는 감정을 빠르고 강렬하게 느끼고, 그것을 통제할 수 없을 때 부정적인 생각의 회오리에 휘말린다. 감정의 홍수가 밀려든 직후, 기다리고 있던 반추가 부정적인 생각들과 감정들을 마음의 전면에 내세운다. 마지막으로, 우리의 인지적 유연성 저하가 사고를 흐려놓아서 이미 그 사건에 설정해놓은 부정적인 의도를 제외하고는 다른 모든 가능성을 차단해버린다.

거절 민감성 불쾌감은 우리의 행복에 크고 즉각적인 타격을 입히지만, 그보다 더 나쁜 것은 우리의 자기 인식과 사회적 행동, 그리고 커리어에 영향을 미친다는 것이다. "거절 민감성 불쾌감은 정말 최악이에요." 우리 커뮤니티의 어느 회원이 말한다. "매번 최악을 가정하게 되고, 거절이 두려워 관계를 거부하다가 결국 외롭게 끝나니까요. 그게 과잉 사고의 원인이 되기도 해요. 나와 친구가 되고 싶지 않은가 보다, 내가 똑똑하거나 재미있거나 매력적이거나 자신감 넘치는 사람이 아닌가 보다, 나보다 훨씬 더 재미있는 사람이 있겠지, 내가 말을 너무 많이 했나 보네, 늘 이런 식이에요. 영원히 끝나지 않는 고통과 불안이죠."

자신도 모르는 사이 거절 민감성 불쾌감의 고통을 피하는 데 노련해질 수도 있다. 사람들이 우릴 어떻게 생각할지 몰라 초대를 거절하기도 하고, 부정적인 말을 듣게 될까 두려워 고객에게 평가받는 것을 꺼리기도 한다. 거절당하는 것보다 현재의 자리에 머무는 편이 안전할 것 같아서 승진하려고 애쓰지 않는다.

제이미가 나의 '수줍음'에 대해 모호한 언급을 한 뒤로 긴 세월이 흘렀지만, 나는 지금도 가끔 그날의 기억을 떠올린다. 당시의 상황을 떠올릴 때마다, 어떻게 보면 별 뜻 없었을 그 한마디 말에 내가 그토록 많은 정신적 에너지를 소모했다는 사실이 조금 창피하게 느껴진다. 시간이 지나고 그날의 불편한 감정이 잦아들었을 때, 나는 비로소 상황을 제대로 볼 수 있었다. 그 순간과 그 이후의 여러 순간 속에서, 상황 자체에 비해 나의 반응이 너무 과했다. 나는 그런 반응을 정서적 나약함과 불안의 징후로만 생각했다. 정신적으로 강해지려고 노력했지만 그 방법은 통하지 않았다. ADHD와 거절 민감성 불쾌감에 대해 알게 된 뒤에야 비로소 나의 반응을 이해할 수 있었고 그 고통스러운 경험을 다른 각도로 볼 수 있게 되었다. 나는 정신적으로 강해질 필요가 없었다. 내게 필요한 것은 나 자신을 좀 더 이해하고 나의 신경계를 보살피는 능력을 기르는 것이었다. 여전히 나의 삶에서 거절 민감성 불쾌감을 완전히 없애지는 못했지만, 그것이 나의 가장 소중한 것을 망치려고 엄습해오며 위협을 가할 때만큼은 확실하게 알아차린다.

거절 민감성 불쾌감을 다스리는 방법

거절 민감성 불쾌감은 ADHD인으로 살아가는 우리가 겪는 가장 고통스러운 증상 중 하나다. 그것을 피하는 가장 확실한 방법이자 유일한 방법은 거절을 감수해야 하는 상황 자체를 피하는 것이다. 그 길을 선택한다면 거절 민감성 불쾌감을 피할 수 있겠지만 의미 있는 목표를 추구하는 기쁨과 인간관계도 포기해야 한다. 거절 민감성 불쾌감의 경험 자체를 없애기보다는, 그것이 당신에게 영향을 미칠 때 알아차리는 것에 집중하고 당신 자신을 정서적으로 지지하는 것이 중요하다. 다음은 바로 그렇게 하기 위한 몇 가지 방법이다.

알아차리고 이름 붙인다

거절 민감성 불쾌감의 여파를 완화하려 애쓰기 전에 가장 먼저 해야 할 일은 그것을 알아차리고 이름 붙이는 법을 배우는 것이다. 많은 ADHD인은 거의 평생에 걸쳐 '너무 예민'하다거나 '너무 감정적'이라거나 심지어 '너무 신경질적'이라는 말을 듣는다. 그 점을 개선해야 한다는 생각은 들지만, 우리가 그런 반응을 보이는 원인을 명확히 인식하지 않으면 변화를 이룰 가능성은 희박하다. 거절에 대한 극단적 민감성을 말로 설명할 수 있다면, 사람들과 소통할 때 우리의 반응과 생각을 다른 방향으로 유도할 수 있다. 거절 민감성 불쾌감이라고 이름 붙이고 알아차리는 것은 아주 중요하다. 자신이 느끼는 어려움을 설명할 용어가 있다는 것만으로도 부정적인 영향을 줄이는 데 크게 도움이 되었다고 말한 사람들을 나는 수도 없이 보았다.

안정을 위한 시간과 공간을 만든다

거절 민감성 불쾌감은 엄청난 강도로 다가와 즉각적으로 우리를 감정조절장애의 상태로 몰아넣는다. 격한 감정이 휘몰아칠 때 반응하기에 앞서 일단은 신경계를 안정시키는 것이 최선이다. 초경계 태세에서 벗어나는 데 도움이 되는 방법들을 파악해두고, 증상의 발현 초기에 자주 그 방법을 사용하는 연습을 해라. 신경계를 안정시키는 연습을 자주 할수록, 거절 민감성 불쾌감의 극단적인 반응에 휩싸일 때 이러한 도구들을 사용하기가 수월해진다. 거절 민감성 불쾌감 반응이 일어날 가능성이 있는 상황을 앞두고 있다면, 차분한 상태로 그 상황에 임할 수 있도록 미리 대비해라.

촉발을 인식하고 대비한다

거절 민감성 불쾌감을 피하는 것을 우리의 주된 목표로 삼을 수는 없고 그래서도 안 된다. 그렇게 하면 우리가 가장 갈망하는 것을 얻을 수 없기 때문이다. 그러나 거절 민감성 불쾌감을 촉발하는 원인을 아는 것은 우리의 감정적 반응을 이해하고 목적에 맞게 대처하는 데에 도움을 준다. 연간 실적 평가가 감정조절장애를 유발한다면, 실적 평가 이후 감정을 소화할 시간을 미리 확보해라. 나아가, 감정이 격할 때 방법을 찾을 필요가 없도록 감정을 조절하는 방법들을 미리 확보해두어라. 특정 상황이 거절 민감성 불쾌감을 촉발한다는 생각이 든다면, 그렇게 되지 않도록 미리 경계를 강화해라. 어머니에게 신체 사이즈나 식습관에 관한 얘기는 하지 말아달라고 강력하게 요구하는 것도 한 방법일 수 있다. 경계를 최대한 분명하게, 필요한 만큼 자주 전달하라.

반추의 시작을 명확히 인식한다

당신의 두뇌에서 논리적인 부분은 이렇게 말할 수도 있다. "그런 뜻으로 한 말이라는 증거는 없어." 하지만 당신은 여전히 그 말이 거절이라고 받아들인다. 이러한 상황에서는, 모호한 부분이 있다면 더더욱, 명확하게 짚고 넘어가는 게 도움이 된다. 예를 들어 당신이 얘기할 때 친구가 이상한 표정을 지었다면 잠시 얘기를 멈추고 확인해라. 어쩌면 그 친구는 대화의 내용과 전혀 상관 없는 생각을 하고 있거나 다른 무언가에 정신이 팔린 것일 수도 있다. 물론 실제로 기분이 상한 것일 수도 있다. 어쨌든 대화를 나눠보면 적어도 오해는 풀 수 있다. 직접 물어보기로 했다면 "나한테 화났어?"라고 막연하게 묻는 것보다는 구체적으로 묻는 것이 좋다. 그래야 당신이 원하는 대답을 얻을 수 있고 당신의 뇌가 끝없이 부정적인 이야기를 생성하는 것을 막을 수 있다.

당신에게 가장 편안한 방식의 피드백을 찾아라

상사가 당신에게 구두로 피드백을 주는 경우, 당신이 울음을 터뜨릴 확률이 백 퍼센트인가? 그렇다면 피드백을 문서로 받고 싶다고 말해라. ADHD에 관해 얘기하고 싶지 않다면 굳이 이유를 밝힐 필요는 없다. 때로는 피드백의 전달 방식에 따라 우리가 그것을 받아들이는 방식이 크게 달라진다. 피드백에 대한 가장 훌륭한 반응은 무엇인지 시간을 갖고 생각해라. 이 문제를 동료, 친구, 연인과 의논하는 것도 생각해보아라.

거절 민감성 불쾌감이 당신의 성공을 가로막을 때

거절 민감성 불쾌감에 대한 이해가 깊어졌다면 그것이 당신의 선택에 영향을 미치고 있는지 살펴보기 바란다. 부정적인 피드백이 두려워 좋은 기회를 거절하는가? 거절당하는 게 두려워 사업 홍보를 포기하는가? 사람들을 피하고 있는가? 부정적인 여파가 크다면, 치료사나 코치, 커뮤니티의 도움을 받아보는 것도 좋다. 당신의 반응을 이해하고 처리하는 데 도움이 되는 것은 물론이고, 거절 민감성 불쾌감이 당신의 성공을 위협할 때 앞으로 나아갈 수 있도록 훌륭한 도구를 제공할 것이다.

연습: 거절 민감성 불쾌감 이해하기

거절 민감성 불쾌감을 잘 다스리고 대처하기 위해 다음의 질문에 답해 보아라.

*

거절 민감성 불쾌감을 이해하기 위한 질문들

RSD 반응이 나타날 때 나의 몸은 어떤 느낌인가?	신경계를 안정시킬 수 있는 방법은 무엇인가?
나의 감정을 어떻게 표면화할 수 있는가?	그 사건을 다른 각도로 바라보거나 나의 믿음을 재고해볼 수 있는가?
더 행동을 취할 필요가 있는가?	미래의 상황에 미리 대비할 필요가 있는가?

16

비위 맞추기

나는 책상 앞에 앉아 구글에서 '이메일 발송을 취소하는 법'을 미친 듯이 검색하고 있었다. 도움되는 내용이 없어서 남편에게 전화해달라고 문자를 했다. 회의 중이라 한 시간 뒤에나 통화가 가능하다는 답이 왔다.

남편의 전화를 기다리는 동안, 이메일 발송을 취소할 수 있을 거라는 나의 희망은 서서히 사그라들었다. 나는 한숨을 쉬며 조금 전에 내가 충동적으로 해버린 약속을 받아들였다. 나는 딸의 유치원 학부모 대표를 맡겠다고 이메일을 보냈다. 나는 그 일을 하고 싶지 않았다. 자원봉사를 요청하는 첫 번째 메일은 바로 무시했었고 학부모 간담회 참가 신청서도 못 본 척했다. 그렇다면 왜 이번 메일은 무시하지 못하고 시간도 없으면서 하고 싶지도 않은 일을 하겠다고 했을까? 이제 생후 6개월이 된 아들을 먹이면서 나는 잠시 생각에 잠겼다. 이미 내게 주어진 일만으로도 버거운데……. 남편이 전화했을 때 비로소 생각을 멈췄다. 남편에게 상황을 설명한 다음 메일 발송을 취소하는 방법을 아느냐고 물었다. 남편도 알지 못했지만, 대신 다른 해결책을 제시했다.

"메일을 다시 보내면 되잖아. 생각해보니 과한 욕심을 부렸다고 해. 아이가 셋이고 한 명은 아기라고. 분명히 이해할 거야."

합리적인 해결책이었지만 내겐 지금 당장 나가서 영국해협을 헤엄쳐 건너라는 말처럼 들렸다. 이미 하겠다고 한 일을 취소하라는 건 16년 동안 한 번도 수영을 안 한 내게 열여섯 시간 동안 수영을 하라는 말처럼 불가능하게 느껴졌다. 나는 이미 유치원 교사가 날 비난하고 있다고 단정했다. 지난번 공개수업 시간에 내가 준비물을 챙겨가는 것을 잊었기 때문이었다. 딸이 읽기 평가에서 낙제하는 바람에 교사가 내게 책을 얼마나 자주 읽어주는지 물은 적도 있었다. 아니, 절대로 취소할 수 없었다. 내가 훌륭한 엄마가 아니라는 또 하나의 증거를 유치원 교사에게 제공하는 것은 올해 내내 학부모 대표를 하는 것보다 더 끔찍했다. 결국 나는 운명을 받아들였고 유치원을 졸업할 때까지 그날의 선택을 매일 후회했다.

우리 커뮤니티의 회원 스테프도 내가 느끼는 감정에 공감했다. "난 매사에 그런 식이에요. 거절 민감성 불쾌감이 너무 두려워서, 내가 누군가를 화나게 할 수도 있는 상황을 어떻게든 피하려고 지나치게 사람들 비위를 맞추죠." 스테프가 말한다.

"노"라고 말하고 싶을 때 "예스"라고 말하는 이유

어린 시절을 돌이켜보기 바란다. 주제넘게 말한다고, 가만히 있지 못한다고, 책상이 지저분하다고 얼마나 자주 야단을 맞았는가? 대부분의 우리에게 꽤 자주 일어나는 일이었고, 어쩌면 하루에도 여러 번 일어나는 일이었다. 이번엔 어렸을 때 칭찬받았던 일들을 생각해보기 바란다. 주로 어떤 칭찬이었는가? 공손하다고? 싹싹하다고? 온순하다고? 대답은 거의 비슷할 것이다. 물론 비위를 맞추는 성향이 ADHD인에게만 나타나는 건 아니지만, 우리 자신의 행동에 대해 일상적으로 엄청난 양의 부정적인 메시지를 받는 우리는 그런 성향을 보이기가 훨씬 쉽다. 남의 비위를 맞추는 것은 부정적인 메시지의 충격을 완화하기 위해 우리가 채택하는 일종의 방어기제다. 우리는 이미 많은 이들의 기대를 저버렸다는 마음의 짐을 감당하고 있다. 그래서 "노"라고 말함으로써 또다시 누군가에게 실망을 안기는 것은 우리에겐 상상만으로도 버겁다.

　비위를 맞추는 우리의 성향은 처음엔 단순한 방어기제로 시작되지만, 거절을 못함으로 인해 겪는 어려움은 거기서 끝나지 않는다. 충동적인 성향으로 인해 우리는 종종 제대로 생각해볼 겨를도 없이 "예스"라고 말한다. '충동적 예스'는 '무척 도움되는' 사람이 되어서 받게 될 칭찬에 대한 기대로 우리 뇌가 즉각적으로 도파민을 분비하기 때문에 특히 더 어려운 문제다. 낮은 도파민이 또다시 훼방을 놓아서 "예스"라고 말하고 싶은 유혹을 끝내 떨쳐내지 못한다.

　우리는 과잉 보상과 긍정적 강화를 통해 어렸을 때부터 비위 맞추는 사람이 되는 훈련을 받은 것이나 마찬가지다. 이런 행동은 성인이 되어서도 굳어져, 우리가 스스로의 결함을 감추려 할 때 기본 반응처럼 작동한다. 누군가가 부탁하는 일을 해주기만 하면, 우리가 속으로는 실패하고 있다고 느끼는 걸 그들이 알아채지 못할 거라고 생각한다. 무의식적으로 '유치원 학부모 대표를 하는 사람을 형편없는 부모라고 생각할 사람이 누가 있겠어? 어떻게든 도움이 되려고 저렇게 애쓰는데?'라고 생각하는 것이다.

　친절하고 도움을 주는 사람이 되는 것은 분명 훌륭한 목표일 수 있지만, 결국 우리는 "예스"라고 대답한 일들에 우리 자신을 맞추어야 한다. 우리의 직감이 "노"라고 외칠 때조차도 계속 "예스"라고 말하다 보면, 결국 우리는 화가 나고 지치고 우리의 진짜 목표와 어긋나 버린다.

그러나 많은 ADHD인이 비위 맞추는 행동을 멈추기를 주저한다. 삶의 대부분을 '제대로 못 하고 있다'는 기분으로 살아가는 우리에게, 도움되는 사람, 유쾌한 사람이 되려 애쓰지 않아도 우리가 사랑받을 자격이 있는 사람이라는 건 믿기 힘든 사실이다.

유치원 학부모 대표로 일했던 경험을 돌이켜보면, 나의 "예스"는 어머니로서 나의 가치를 증명해 보이고 싶은 욕구에서 비롯되었던 것이 너무도 분명하다. 당시 나는 딸아이 때문에 속을 썩고 있었다. 딸의(그리고 나의) 진단받지 못한 ADHD는 우리의 자아 인식을 망가뜨리고 있었다. 돕겠다고 자청하고 나서면, 우리가 느끼는 모든 고통과 어려움이 내 잘못이 아니라는 것을 증명할 수 있을 거라고 생각했다. 내가 얼마나 노력하는 엄마인지 보여주고 싶었다.

돌이켜 생각해보면 내가 "예스"라고 말했던 모든 일이 결국 나의 가장 중요한 책임으로부터 나의 주의를 분산시키기 위한 것이었다. 이미 엄청난 스트레스에 시달리던 그해 나는 또 다른 엄청난 스트레스를 가중한 셈이었고, 그렇게 노력했건만 나에 대한 교사의 평가는 조금도 달라진 것 같지 않았다. 거기서 내가 배운 교훈이 있다면, 사람들의 비위를 맞추는 것으로 우리 자신의 가치에 대한 부당한 평가를 바꿀 수는 없다는 것이다.

"노"라고 말하는 능력을 기르는 법

비위를 맞추는 행동은 득보다 실이 훨씬 더 많다. 남을 위해 우리 자신의 욕구를 희생시키고, 그렇게 해서 원하는 반응을 얻지 못했을 때 우리는 화가 난다. 우리 자신의 경계를 확인하고, 알리고, 지킨다는 건 어려운 일이지만 사실 그것이야말로 우리 자신과 다른 사람들에게 도움이 되는 행동이다. 비위를 맞추는 내 행동을 인식하고 그 이유를 안다면, 그런 행동을 하는 순간 알아차려서 비위 맞추고 싶은 욕구에 굴복하는 빈도를 줄일 수 있다. 이제 나와 나의 내담자들에게 효과가 있었던 방법들을 알아보자.

일시 정지를 위한 말을 연습한다

먼저, 대답하기 전 잠시 멈추는 법을 터득해두어야 한다. 우리 중 많은 이들이 너무도 조건화되어서, 상황을 파악하기도 전에 입에서 "예스"가 나온다. 시간이 필요하다고 말하는 가장 좋은 방법은 어떤 부탁을 받았을 때 사용하는 하나의 문장을 미리 연습해두는 것이다. 다음이 그 몇 가지 예다.

"도와드리고 싶지만, 확답을 드리기 전에 먼저 저의 일정을 확인해봐야 해서요. 혹시 제가 내일까지 답을 안 드리면 한 번 더 연락해주세요."

"제가 그 일을 할 여력이 되는지 확인해보고 싶어요. (X)일까지 말씀드릴게요."

어떤 식으로 표현하건 상관없지만 실제로 사용할 수 있을 정도로 편안하게 느껴지는 말이어야 한다. 대답을 미리 만들어두고, 다음번에 부탁받을 때 준비가 될 수 있도록 자주 연습해라. 곧바로 하겠다고 말하고 싶은 충동을 자제해야 할 때 떠올릴 수 있도록 그 대사를 써서 일하는 공간에 붙여놓는 것도 도움이 된다.

경계를 분명히 한다

ADHD인은 경계를 설정하는 것에 종종 어려움을 느낀다. 우리가 지닌 충동성과 미래보다는 현재에 집중하는 성향으로 인해, 삶에서 우리가 원하는 규칙이 무엇인지 여전히 파악하지 못한 상태일 수도 있다. 비위 맞추는 성향의 맥락에서 경계를 설정할 때, 대답을 수월하게 해줄 단단한 방어벽을 생각해보기 바란다. 행정적인 업무를 요하는 자원봉사가 극도로 싫은가? 그렇다면 그런 부담이 따르는 자원봉사는 하겠다고 나서지 않겠다는 경계를 설정하라. 저녁 시간이 되면 늘 탈진해서 충전이 필요한가? 그렇다면 저녁 시간에 해야 하는 일은 거절하는 것이 옳은 판단일 것이다. 규칙은 필요에 따라 언제든지 조정할 수 있지만, 충분히 시간을 갖고 미리 규칙을 정해두지 않으면 병적으로 과도한 책임을 떠안게 될 확률이 높다.

"예스"라는 대답의 비용을 생각해본다

ADHD인으로서, 종종 우리에겐 생각에서 벗어나 행동을 하기 위한 일종의 틀이 필요하다. 만약 당신의 "예스"가 불분명하게 느껴진다면, 새 일을 시작하는 데에 필요한 비용을 계산해보는 것이 도움이 된다. 시간이 얼마나 걸릴까? 이 일을 하려면 다른 일 한 가지를 포기해야 할까? 그렇다면 무엇을 포기해야 할까? 잠자는 시간? 가족과 함께 보내는 시간? 혹은 당신 자신을 돌보는 얼마 안 되는 소중한 시간? 일부를 포기해도 될 정도로 그 시간은 충분히 확보되어 있는가? 다른 사람의 목표를 돕겠다고 나설 때, 당신 자신의 목표는 어떻게 되는가? 이런 질문을 자신에게 던져본다면, 새로운 일에 그 비용을 충당하고도 남는 가치가 있는지 파악하기가 쉬울 것이다.

"노"는 일종의 배려

우리는 "예스"라고 대답하는 것이 옳은 행동 혹은 친절한 행동이라고 배웠다. 정신적 육체적으로 비용이 따를지언정 우리는 이타심과 희생을 칭송한다. 이제 새로운 렌즈를 통해 볼 것을 제안한다. 어쩌면 "노"라고 말하는 것이야말로 가장 친절하고 가장 배려하는 행동일 수 있다. 잠시 눈을 감고, 속으로는 "노"라고 외치면서도 겉으로는 "예스"라고 대답했던 순간들을 떠올려봐라. 그렇게 해서 맡은 일을 할 때 어떤 기분이었나? 아마도 이메일에 답하는 것을 질질 끄는 바람에 일정을 지연시켰을 것이다. 혹은 자원봉사를 하러 가서 업무 지시를 받을 때 나도 모르게 짜증을 냈을 것이다. 합리적으로 판단했을 때 정신적 육체적으로 감당하기 힘든 일을 맡게 되면 우리는 본의 아니게 도움을 청한 사람들을 힘들게 한다. 반면 당신이 솔직하게 답한다면 도움을 청한 사람은 그 일을 도울 여력이 있는 다른 사람을 찾을 것이다.

당신과 결이 맞는 도움의 방식을 찾아라

이 글을 읽는 사람 중에는, 누군가를 돕는 자신의 모습을 사랑한다고 말하고 싶은 사람이 분명히 있을 것이다. 모든 부탁을 거절하라는 게 아니다. 누군가를 도울 능력이 있고 마음이 있다는 건 아름다운 일이고 우리는 당연히 그런 마음을 포용할 수 있고 또 포용해야 한다. 그러나 우리 자신의 행복과 가장 중요한 책임을 그 대가로 치러서는 안 된다. 우리는 어떤 일에 우리가 도움이 되거나 동참할 수 있다는 생각에 마음이 설레고 어쩌면 약간 우쭐해지기도 한다. 그럴 때 부탁받은 그 일이 과연 우리의 장점과 현재 여건에 어울리는 일인지 판단할 때 우리의 창의성을 발휘해보는 것도 좋다. 도와달라는 부탁을 받으면 "예스" 아니면 "노"로 대답해야 한다고 생각하기 쉽지만, 사실 그 두 가지 선택만 존재하는 건 아니다. 부탁을 받아서 설레지만, 마음 깊은 곳에서는 그 일을 할 역량이 되지 않는다는 걸 알고 있다면, 다른 방법으로 도와도 되는지 물어라. 당신의 장점과 역량을 활용할 방법을 생각해보아라. 부탁을 잘 살펴보고, 만약 특정 방식으로 도와달라는 부탁을 받지 않았다면 당신이 어떤 식으로 그 일을 도울 수 있을지 생각해봐라. 대안을 제시하는 것을 두려워하지 마라.

연습: "예스"라고 말하고 싶을 때 던져볼 수 있는 질문들

"예스"라고 답할지 "노"라고 답할지 결정해야 할 때 다음의 질문에 답해 보아라.

- 이 부탁은 나의 핵심 가치와 장점에 부합되는가?
- 이 일을 맡으려면 어느 정도의 역량이 필요한가?
- 이 일에 나보다 더 적합하거나 더 역량을 갖춘 사람들이 있는가?
- 나는 실제로 이 일에 필요한 역량을 갖추고 있는가? 만약 그렇지 않다면, 이 일을 위해 기꺼이 포기할 수 있는 일이 있는가?
- 나의 "예스"에는 어떤 비용이 따르는가? 어떤 보상이 있는가? 이것이 바람직한 선택이라는 기분이 드는가?
- 나의 재능이나 현재의 역량에 좀 더 부합되는 방법은 없는가?

17

독이 되는 완벽주의

그날 들어 열여덟 번째로 배송조회 앱을 열었고 마침내 짜릿한 흥분이 밀려들었다. 우리 가족의 크리스마스카드가 드디어 도착한 것이다.

나는 하던 일을 멈추고 우편함으로 달려갔고 곧바로 택배를 풀었다. 크리스마스카드는 아름다웠고 나는 얼른 칭찬이 듣고 싶었다. 집으로 들어가 십 대인 딸에게 카드를 보여주었다. "완벽하네요, 엄마. 엄마가 우리한테 계속 소리 지른 건 아무도 눈치 못 채겠어요." 딸이 말했다. 장난스럽게 한 말이었는데도 가슴이 철렁했다. 딸이 한 말은 사실이었다. 나의 뇌가 곧바로 우리가 사진 촬영을 하던 날 이전의 몇 주를 슬라이드쇼로 재생했다. 첫 번째 장면은 완벽한 의상의 영감을 얻기 위해 인터넷을 검색하는 내

모습이었다. 나는 최고의 선택을 하기 위해 과잉 사고를 하며 몇 시간을 보냈고 심지어 학부모 게시판에서도 정보를 수집했다.

그다음엔 의상을 고르기 위해 엄청난 자료 사진들을 침대 위에 펼쳐놓고 있던 장면이 떠올랐다. 그러고 나서 가족들을 데리고 여러 차례 쇼핑몰에 가서 이 옷 저 옷을 입혀보며 완벽한 모습을 찾았다.

사진을 촬영하던 날을 머릿속으로 그려보았다. 토요일인데 햇빛이 완벽한 지점을 찾아 먼지 날리는 외진 비포장도로를 걸어야 했던 가족들의 투덜거림. 나의 온화한 협박 사이사이, 가족들이 억지 미소를 지었다. "투덜대지 말고 웃어! 너희들 장난 그만 치고 웃지 않으면 가을에 축제 안 데려갈 거야!"

마지막으로 떠오른 기억이 가장 고통스러웠다. 맑은 정신으로 되돌아보니, 당시 나는 '완벽한' 가족을 온 세상에 보여주기 위한 나의 노력에 훼방을 놓는 아이들에게 너무도 화가 나 있었다.

"너희들 때문에 엄마가 이 고생을 하는데, 너희는 오늘 하루 얌전하게 구는 것도 못 하니?" 화를 내며 내가 말했다. 죄책감의 여정은 거기서 끝나지 않았다. 저녁 식사를 하러 가는 길에도 너희들이 얼마나 이기적인 아이들인지 아냐고 계속 퍼부었다. 정작 나 자신은 감정조절도 못 하고 있으면서 아이들의 행동을 나무라는 아이러니를 당시엔 의식하지 못했다.

주방으로 돌아와 우리 가족의 크리스마스카드를 바라보니 사진 속 완벽한 가족의 모습이 더는 자랑스럽지 않았다. 완벽한 사진을 찍겠다는 명목으로 사랑하는 가족들에게 엄청난 스트레스를 준 나 자신이 너무도 수치스러웠다.

실패한 완벽주의자

"전 게으른 완벽주의자인 것 같아요." ADHD 모임에서 수많은 회원으로부터 반복적으로 듣는 말이다. 마치 우리가 완벽주의자가 되는 것에서마저도 실패하고 있다는 듯이.

왜 많은 ADHD인들이 자신을 완벽주의자로 규정할까? 이 질문의 대답은 다소 복잡하고 사람마다 다르겠지만, 그 뿌리는 비슷하다. 신경전형인의 기대에 맞추어 살 수 없는 우리 자신에 대한 수치심을 감추기 위한 것이다.

ADHD 완벽주의자들은 자신이 남들과 약간 다르다는 사실을 어린 시절에 내면화했던 사람들이다. 아마도 당신은 말이 너무 빠르다거나 말이 너무 많다는 소리를 들었을 것이다. 어쩌면 교사가 당신의 어머니에게 "대단한 잠재력을 가진 아이지만, 좀 더 노력해야" 한다고 말하는 것을 들었을 것이다. 그래서 우리는 그렇게 했다. 열심히 노력했다. 그리고 더 열심히 노력했다. 우리가 아는 그 누구보다도 열심히 노력했고 아마도 그 노력은 보상받았을 것이다. 이 순환은 어린 시절부터 시작되어서 성인이 되어서도 우리 삶의 모든 영역에 영향을 미쳤다.

대학 시절, 사용한 그릇을 닦지 않고 너무 오래도록 방치하는 우리를 두고 친구들이 지저분한 게으름뱅이라고 놀렸을 것이다. 그래서 과도하게 청결에 집착하는 것으로 반응했을 것이다. 거실을 완벽하게 정리된 상태로 만드느라 잠도 못 자지만 그래도 또다시 '게으름뱅이'라는 말을 듣는 것보단 낫다. 룸메이트는 우리가 어떤 대가를 치르고 있는지도 모르고 우리의 노력을 가상히 여긴다.

직장에서 "그렇게 물건을 쌓아두면 필요할 때 어떻게 찾아요?"라는 질문을 여러 차례 받게 되면, 잡동사니를 서랍이나 캐비닛에 보이지 않게 감추는 법을 터득한다. 여전히 뒤죽박죽이라 필요한 물건을 찾는 건 더 어려워지지만, 적어도 다른 사람들의 비난으로부터 안전하다. 사람들은 이제야 정신을 차렸냐며 우리를 칭찬하고, 우리는 미소를 짓고는 절대로 결점을 드러내지 않겠다고 결심한다.

부모가 되면 육아가 너무 힘들어서 당혹스럽다. 그 어느 때보다도 많이 평가받아야 하는 데다, 육아를 제대로 못 했을 때의 대가는 더 커 보인다. 우리는 유아식을 직접 만들고, 지구를 구하겠다고 천 기저귀를 사용하고, 수면 훈련의 장단점을 분석하고 다정한 부모가 되기 위해 고민하느라 밤을 지새운다. 이 모든 노력은 우리를 '슈퍼맘'이라 부르는 친구들로부터 보상받는다. 그것은 분명 칭찬이지만 그 칭찬이 압박을 가중하고 그러다 어느 순간, 우리는 무너진다.

마침내 우리가 육아를 완벽하게 해낼 수 없다는 사실을 깨닫는 순간, 어차피 안 될 일에 이렇게 애쓸 필요가 있는지 의문이 들기 시작한다. 그렇게 번아웃이 오고, 불가능한 기대로 인해 마비된 우리는 원하는 삶을 추구하는 것조차 거부한다. 어차피 완벽하게 하지도 못할 텐데 왜 해? 이렇게 해서 자칭 게으른 완벽주의자가 탄생하는 것이다.

우리 커뮤니티의 회원 사라는 이러한 악순환을 너무도 잘 이해한다. "종종 완벽해지고 싶다는 욕망을 느껴요. 어떤 일을 정확히 내가 원하는 수준으로 해내고 싶어서 막판까지 미루게 되고, 그러다 보니 엄청난 스트레스와 불안에 시달려요. 내가 보기에 나의 완벽주의는 'ADHD 여성'이고 싶지 않다는 생각에서 비롯되는 것 같아요. 단지 과제나 다른 활동을 할 의욕이 없다는 이유로 게으르다거나 총명하지 않다는 말을 듣다 보니 시작된 것 같기도 하고요. 날 너무도 사랑했던 부모님마저도 내게 더 열심히 해야 한다고 했고 나에 대한 기대가 컸어요. 그런 것들이 훗날 엄청난 완벽주의로 이어졌어요."

완벽함을 위해 우리가 치르는 대가

우리 사회가 높은 기준을 강화하고 또 보상하기 때문에 완벽주의는 다루기 힘든 괴물과도 같다. 불행히도 남보다 뛰어난 것이 행복과 사랑을 얻는 유일하고 안전한 길이라고 내면화하기란 너무도 쉽다. 우리는 완벽해지면 원하는 것을 얻을 수 있다고 생각하지만 사실 완벽주의는 우리의 인간관계와 목표, 행복의 추구를 가로막는다.

완벽을 좇는 ADHD인은 인간관계를 돌볼 여력이 없다. 우리 자신에게 부과한 불가능한 기준을 사랑하는 사람들에게 적용하기도 한다. 시간이 흐를수록 그것이 우리의 배우자와 아이들의 신뢰와 안전을 훼손한다. 통제되지 않은 완벽주의는 가족을 병들게 하고 고통스러운 상처를 남긴다. 나는 이 교훈을 너무도 어렵게 터득했다. 그러지 않았으면 좋았을 텐데.

알아차리기 어렵겠지만, 완벽을 위한 노력이 여러 차례 실패하고 나면 의도한 것과 정반대의 결과가 나타나기 시작한다. 뛰어나고 싶은 의욕이 불타오르기보다는 불가능을 좇는 상태에 갇혀버리는 것이다. 당신이 너무도 원했던 기회를 잡지 않았던 경험을 떠올려보기 바란다.

무엇이 당신을 주저하게 했는가? 그럴 자격이 없다고 생각했는가? 당신보다 경험이 부족한 사람들도 그 일을 하고 있는데도? 아니면 실패할 가능성이 있다는 걸 알았기 때문인가? 당신이 하는 일이 전부 다 성공적이지 않다는 걸 남들이 아는 게 두려웠기 때문인가?

완벽주의는 목표를 향해 나아가는 것을 가로막는다. 왜냐하면 마음속 깊은 곳에서 우리가 그 일을 완벽하게 해내지 못하리란 걸 알고 있고, 그래서 도전하지 말라고 우리가 우리 자신을 설득하기 때문이다. 완벽주의는 일상에서도 나타날 수 있고 언제든 우리를 꼼짝 못 하게 옭아맬 수 있다. 우리는 어떤 일을 완벽하게 해낼 방법을 알지 못하고 그래서 결국 아무것도 하지 않는다. 땀을 빼며 한 시간을 뛰지 않으면 운동으로 치지 않는다. 시간은 부족하고, 그래서 우리에게 주어진 30분을 소파에서 빈둥거리며 허비한다. 남은 식재료로 건강한 음식을 만들 기운이 없어서 한 마리 성난 짐승이 될 때까지 배고픔을 외면한다.

이 모든 얘기가 너무 암울하게 들릴 수도 있겠지만, 완벽주의에 집착하느라 우리가 치르는 엄청난 대가를 정확히 인식하는 것은 간과해선 안 될 중요한 일이다. 그런 대가를 치르지 않고 살았더라면 얼마나 좋았을까, 나는 날마다 생각한다. 그러나 좋은 소식도 있다. 완벽주의적 사고를 바꾸는 것이 불편하고 힘든 일인 것은 사실이지만, 분명히 시간을 투자해서 노력해볼 가치가 있는 일이라는 것이다.

나의 딸이 가족사진 뒤에 숨겨진 이면을 폭로했던 그 순간은 생각할수록 고마운 순간이었다. 딸이 한 말이야말로 완벽주의가 내 삶에 어떤 피해를 입히는지 깨닫기 위해 내가 꼭 들어야 했던 말이었다.

그로부터 몇 년이 지난 지금, 나는 완벽주의를 인식하고 극복한 덕분에 내가 ADHD 분야에서 크리에이터로 성공을 거두었다고 생각한다. 콘텐츠를 만들 때 나 자신에게 완벽을 요구했더라면 여러분은 나의 계정에서 단 한 개의 포스팅도 볼 수 없었을 것이다. 나의 포스팅에는 오타가 상당히 많다. 그런 것을 잡아내기에 나의 뇌는 너무 빨리 움직인다. 그러나 오타가 있는 나의 작업물에는 종종 가장 강력한 메시지가 담겨 있다. 내가 올린 영상 중 가장 인기 있던 영상은 어두침침한 차에서 찍은 것이다.

당신의 ADHD 두뇌는 독특하고 근사하게 만들어졌다는 사실을 기억해라. 그러나 당신이 계속 완벽주의에 집착한다면, 당신만의 독특한 가치는 결코 볼 수 없을지도 모른다.

완벽주의 극복을 위한 발상의 전환

완벽주의를 둘러싼 생각을 바꾼다는 것은 결코 쉽지 않고 순차적으로 이루어지는 일도 아니다. 그것은 시간과 연습이 필요하고 대체로 평생에 걸쳐 연습해야 하는 일이다. 그러나 당신은 시간이 지날수록 홀가분해지고 편안해지고 자유로워질 것이다. 아주 오랜 시간 동안 완벽주의가 당신에게 안전의 느낌을 주었겠지만, 그것은 잘못된 개념의 안전이다. 이제 불완전한 진짜 당신의 모습으로 세상에 나서는 것을 스스로 허용할 시간이다.

외부의 도움 없이 완벽주의에 대한 집착을 버릴 수 있는 사람도 있겠지만, 많은 사람들은 전문가의 도움을 필요로 한다. 다음의 제안들은 스스로 변화하기 어려운 사람들일 경우, 치료를 대체할 수 있는 방법은 아니다. 트라우마를 공부한 전문 치료사의 안내와 지도가 필요할 수도 있다. 그렇다고 해도 다음의 방법들을 시도해보고 추가적인 도움이 필요한지 파악해보기 바란다.

호기심을 포용하라

많은 ADHD인이 가진 가장 아름다운 장점은 강렬한 호기심이다. 성인이 되어서도 여전히 이 놀라운 장점을 간직한 사람도 있겠지만 많은 이들이 그 재능을 외면하도록 조건화되었다. 호기심이 차오를 때, 완벽주의가 당신의 발목을 잡지 않는다면 어떤 일이 벌어질지 상상해보기 바란다. "완벽하게 할 수가 없으니 아예 안 할래"라고 말하는 대신 자신에게 물어보아라. "만약 내가 이 프로젝트에 완벽을 기하지 않는다면, 나는 무얼 할 수 있을까?" 완벽주의를 버리고 호기심을 발휘할 때 얼마나 많은 가능성이 열리는지 안다면, 아마도 당신은 놀랄 것이다.

충분히 훌륭한 것은 충분히 훌륭한 것이다

완벽함은 존재하지 않으며, 당신은 결코 그것에 도달할 수 없다. 그러나 '충분히 훌륭한' 경지에는 도달할 수 있다. 이 말은 나에게 전혀 특별할 게 없다. 오랫동안 들어왔던 얘기니까. 심지어 1700년대에도 볼테르는 이렇게 말했다. "완벽함은 선의 적이다." 1980년대에는 그 변형으로 "C학점도 학점이다"라는 말도 있었다. 어떤 식으로 표현하건 메시지는 분명하다. 충분히 훌륭한 상태여도 일은 이루어진다. 혹여 또다시 완벽의 이름으로 자신을 괴롭히고 있다는 사실을 깨닫는다면, 충분히 훌륭한 것은 어떤 모습일지 자신에게 물어라. 완벽한 것이 아닌 '충분히 훌륭한' 것을 포용한다면, 훨씬 더 많은 것을 얻을 것이다.

완벽하게 해내려는 사람보다 일단 하는 사람이 이긴다

많은 ADHD인이 완벽주의의 함정에 빠지는 이유는 우리 중 상당수가 선의의 경쟁을 통해 동기가 자극되기 때문이다. '최고'가 되겠다는 경쟁심을 '일을 해내는 사람'이 되겠다는 경쟁심으로 바꿀 방법을 생각해보아라. 어설픈 행동도 행동이다. 완벽한 때를 기다리는 대신 앞으로 나아간다면, 우리는 매번 이긴다. 우리는 마라토너의 레이스를 마일 단위로 쪼개어서 그들이 매 순간 '완벽한' 레이스를 펼쳤는지를 놓고 그들의 실력을 평가하지 않는다. 그들이 피땀 눈물을 흘리면서도 끝내 결승선에 도착하는지만을 경외심을 갖고 지켜볼 뿐이다. 행동하는 사람은 언제나 이긴다.

만약 내가 모든 포스팅을 교정전문가에게 보냈거나, 머리 손질이 예쁘게 된 날을 기다렸다가 영상을 촬영했다면, 나는 결코 지금과 같은 인터넷 커뮤니티를 만들 수 없었을 것이다. 그게 매번 완벽하게 하는 사람보다 일단 하는 사람이 이긴다는 증거가 아니면 무엇이겠는가.

완벽하지 않은 나의 모습은 모두에게 도움이 된다

ADHD인은 자신에게 완벽을 요구하는 것이 동료, 친구, 가족에게 도움이 되고 있다고 믿는 경향이 있다. 그러나 현실 속에서는 그 반대다. 우리가 완벽하지 않은 모습을 보일 때, 오히려 주변 사람들에게 안전한 생태계를 제공하는 것이다. 당신의 취약성을 보고 사람들은 자신의 완벽주의적 행동을 되돌아볼 것이다. 그렇게 우리 모두가 좀 더 진정성에 다가갈 수 있을 것이다.

완벽주의를 인정하는 것까지 완벽할 필요는 없다

자신이 또 완벽주의에 굴복했음을 시인할 때마다 ADHD인의 목소리에 담긴 자기 증오에 놀라곤 한다. 그들은 "아직 시작도 못 했어요. 이게 다 완벽주의 때문이란 걸 나도 알아요"라고 말한다. 때로 우리에게 가장 필요한 것은 약간의 자기 연민과 자신감이다. 완벽하지 않아도 괜찮다는 것을 느끼기 위해 당신이 할 수 있는 작은 일들은 무엇인가? 올해부터는 크리스마스카드에 넣을 완벽한 가족사진 때문에 걱정하지 말고 자연스럽게 찍은 사진들을 카드에 넣어보면 어떨지. 작은 것들부터 바꾸어보고 그 차이를 확인해보아라. 큰 변화에 도전하기 전에, 완벽주의를 내려놓아도 나쁠 게 없다는 사실을 확인해보는 것도 좋다.

연습: 완벽주의를 내려놓는 주문

다음의 주문에 마음이 움직인다면, 보이는 곳에 붙여두어라.
빈 칸에는 당신만의 주문을 직접 적어라.

★

완벽주의를 내려놓는 주문

충분히 훌륭한 것은 충분히 훌륭한 것이다.	완벽은 존재하지 않는다.	완벽하지 않은 나의 모습을 보이는 것은 나에게도 남에게도 이롭다.
휴식은 애써 취득하는 것이 아니라 당연한 권리다.	성장은 순차적이지 않다.	어설픈 발전도 발전이다.
C학점도 학점이다.		

18

가면 쓰기

10월의 어느 토요일, 나는 지난 몇 년간 그래왔던 것처럼 남편 회사의 기금 마련 파티에 참석할 준비를 하느라 나의 하루를 쏟아붓고 있었다. 매번 남편의 준비는 행사 몇 주 전 턱시도를 준비해두고 친구들과 뒤풀이를 조율하는 것으로 끝난다. 반면 나는 마치 오스카 시상식에라도 참석하는 양 호들갑을 떤다. 헤어메이크업을 예약하고, 깜빡 잊고 미리 준비하지 못한 것들을 위해 쇼핑할 시간도 따로 남겨둔다. 지난 몇 년 동안, 클러치, 구두, 보석 같은 것들을 막바지에 준비했다. 올해는 보정 속옷이었다.

올해도 쇼핑몰을 돌아다니다가 생각이 엉뚱한 곳으로 흘렀다. 나는 오늘 저녁 행사를 위해 내가 스스로 부과한 온갖 규칙들을 되짚어보았다. 나는 오스카 시상식에 참석하는 것 정도가 아니었다. 언제나처럼 일생일대의 공연을 준비하고 있었다. 그 행사에 대한 긴장이, 지난 몇 년 동안 그랬던 것처럼 나를 완전히 압도했다. 불안을 잠재우는 유일한 방법은 이 세상 모든 남편이 원할 법한 아내가 되는 것뿐이었다. 부디 그 역할을 잘 수행해서 나의 내면에서 벌어지는 혼돈을 들켜 창피를 당하는 일이 없기를 바랐다.

쇼핑을 마치고 나서 미용실에 갔고 거기서 나의 스타일리스트와 함께 완벽한 아내의 페르소나를 연습했다. 메이크업을 하는 동안 계약직으로 일하는 나의 현재 상태를 좀 더 그럴듯하게 설명하기 위해 속으로 연습했다. 너무 많은 정보를 노출하지 말자고, 요즘 관심사에 관해 아무 말이나 하지 말자고, 약점을 드러내지 말자고 다짐했다. 행사장으로 가는 길에 나는 어쩔 수 없이 사람들과 나누게 될 가벼운 대화를 위한 마음의 준비를 했다.

나는 최상의 모습으로 식사를 마치고 연설까지 다 들었다. 내가 원했던 대로 남편의 동료들이 보기에 완벽한 부인 페르소나를 훌륭하게 수행해낸 것 같았다. 그러나 시간이 흐를수록 연기를 하기가 힘들어졌다. 약한 두통이 시작됐고 가짜 미소를 짓느라 얼굴이 불편했다. 테이블에 너무 오래 앉아 있었더니 조바심이 났다. 마침내 행사가 끝났고 바람을 쐬려고 밖으로 나선 순간 비로소 저녁 내내 참았던 숨을 내쉴 수 있었다.

독이 되는 완벽주의가 제대로 작동하는 중이었고 ADHD인에게 흔히 나타나는 '가면 쓰기masking'로 나타나고 있었다.

ADHD 가면이란 무엇인가?

잠시 어린 시절로 돌아가 보자. 당신은 초조하게 종이 울리기만 기다리면서 슬로모션으로 돌아가는 학교 시계만 바라보던 아이였는가? 학교 정문 밖으로 뛰어나가려다가, 문득 사람들의 시선을 의식하고 빠른 걸음으로 걷다가, 마침내 정문을 나서는 순간 해방감을 느꼈는가? 나는 매일 그런 기분을 느꼈다. 그런데 혼란스러웠던 건 내가 전반적으로 학교를 싫어하지 않았다는 사실이었다.

다시 현재로 돌아와 보자. 긴 회의나 모임을 마치고 나면 여전히 그런 기분을 느끼는가? 사실 그 시간이 그렇게 싫지 않았는데도? 차에 타는 순간 마침내 숨을 내쉬는 것 같은 기분이 드는가? 이런 증상에 공감한다면 당신은 ADHD의 증상을 감추는 데 선수일 것이다.

가면 쓰기는 신경전형인에게 받아들여지지 않을 것 같은 우리의 모든 증상들을 숨기거나 감추는 행동을 일컫는 말이다. 가면 쓰기는 움직이거나 꼼지락거리고 싶은 욕망을 반사적으로 억누르는 행동으로도 나타난다. 고개를 끄덕이거나, 상대가 하는 말을 듣지도 않았으면서 웃는 것 같은 행동에서도 찾아볼 수 있다. 대화 중에 너무 많이 말하거나 너무 자주 말하거나 너무 빨리 말하지 않으려고 과도하게 걱정하는 성향도 해당된다.

"나는 가만히 앉아 있으려고, 말을 안 하려고 노력해요." 우리 커뮤니티 회원 마르니가 말한다. "직장에서 회의할 때나 디너파티 같은 곳에서 자주 그래요. 갑자기 말을 너무 많이 했다 싶으면 어느 순간 입을 닫아버리죠. 장시간 회의에 참석해야 할 땐 꼼짝도 안 하려고 노력해요. 그러다가 더 이상 참을 수 없는 상태가 되면 양해를 구하고 화장실에 가서 잠시 시간을 보내요."

가면 쓰기는 좀 더 의도적인 행동으로 나타나기도 한다. 어쩌면 당신도 나처럼 이십 분 동안 집 안에 널린 물건들을 찬장이나 벽장에 아무렇게나 쑤셔박았다가, 손님이 컵을 찾으려고 아무 찬장이나 열어볼 때 극도의 공포감을 느낀 적이 있을 것이다. 직장에서 프로젝트와 관련해 명확히 짚고 넘어가는 대신, 그 정도는 알고 있어야 한다는 생각에 잠자코 있었을 것이다. 도움 없이 혼자 일을 해내기 위해 시간과 에너지를 엄청나게 낭비하기도 하고, 그러다가 때로는 실수를 저지르거나 더 큰 문제를 일으켜서 상황을 은폐할 방법을 찾아야 했던 적도 있었을 것이다.

대부분의 우리는 가면을 쓴 상태로 많은 시간을 보내고, 어느덧 가면을 쓰는 것에 꽤 능숙해진다. 사실 우리의 뛰어난 위장술이야말로 성인이 되어서도 ADHD 진단을 받거나 자가 진단을 하기까지 그토록 긴 시간이 걸리는 이유 중 하나다. ADHD임을 밝혔을 때 사람들의 반응을 보면 당신의 위장술이 어느 수준인지 알 수 있다. 사람들이 충격에 휩싸이거나 못 믿겠다는 반응을 보이던가? 그렇다면 당신의 가면은 너무도 정교해서 사람들이 그 이면의 고통을 전혀 눈치채지 못하는 것이다.

가면 쓰기의 대가는 정신적 육체적으로 다양하게 나타난다. 퇴근한 뒤 혹은 사교모임 후에는 꼭 두통이 있는가? 집중해야 하고 끼어들지 않으려 최선을 다해야 하고 과다활동을 억제해야 했던 데서 오는 인지적 부담 때문일 것이다. 또한 가면 쓰기는 우리의 인내심과 욕구불만에 대한 내성을 약화한다. 아이가 학교에서는 모범적인데 집에만 오면 돌변해서 공격성을 보인다고 말하는 학부모를 종종 만난다. 아동의 경우에는 이런 양상이 뚜렷하지만 성인에게는 좀 더 미묘해진다. 이를테면 회사 회의실에서는 참을 수 있었는데 샌드위치에 원치 않았던 마요네즈가 들어 있는 걸 보고 호텔 방에서 울음을 터뜨리는 식이다.

비위 맞추기와 완벽주의 같은 부적응적 방어기제들도 가면을 쓰는 순간 더욱 강화된다. 증상을 숨김으로써 사회적으로 보상받으면, 완벽이 우리의 최종 목표여야 한다는 믿음은 더욱 견고해진다. 가면 쓰기는 우리를 '가면 증후군impostor syndrome'●에 취약하게 만들기도 한다. 우리가 두꺼운 가면을 쓸수록, 감정을 숨기며 살아갈수록, 무언가를 성취했을 때조차도 '나는 그럴 자격이 없어'라는 강한 불안을 느끼기 쉬워진다.

가면 쓰기로 인해 우리는 인내심과 에너지, 감정조절 능력을 잃지만 그보다 더 나쁜 것은 진정한 자아가 훼손되는 것이다. 오랜 세월 너무도 다양한 영역에서 가면을 쓰다 보니 우리의 가장 순수한 자아는 스위치가 아예 꺼졌을 수도 있다. 카멜레온으로 사는 것에, 모든 상황에 적응하는 것에 너무 능숙해지다 보니 조용히 혼자 있으면 내가 과연 누구인지조차 불분명해진다.

가면을 벗는 것에 대한 신중한 접근

가면을 쓰는 것은 나쁜 것인가? 이것은 너무도 복잡한 질문이고 오직 당신 자신만이 이 질문에 답할 수 있다. 가면 쓰기에는 분명

● 어떤 사람이 자신의 성취를 인정하지 못하고, 어떤 보상도 받을 자격이 없다고 확신하는 심리적 현상.

히 대가가 따른다. 그러나 가면을 쓰지 않는 것에도 분명히 대가가 따른다. 우리가 ADHD의 모든 충동에 굴복한다면 일에서, 인간관계에서, 육체적 건강 측면에서 그 파장이 있을 것이다. 대화 도중에 친구에게 "네 얘기 너무 지루해"라고 불쑥 말한다면 우리는 사랑하는 사람에게 큰 상처를 줄 수 있다. 상황에 따라서는 가면 쓰기를 통해 심리적 고통을 피하고 안정감을 얻을 수 있다. 우리 모두는 언제 가면을 쓰고 언제 솔직할지 결정해야 한다. 우리 삶에서 가면 쓰기가 어떤 양상으로 나타나는지 좀 더 이해한다면, 가면과 진정성 사이의 균형을 적절히 유지할 수 있을 것이다.

그렇다면 우리는 긴 세월 공들여 만든 정교한 가면 뒤에서 어떻게 서서히 본모습을 드러내야 할까? 대답은 각자의 상황에 따라 너무도 다를 것이다. 당신이 속한 공간들과 사람들의 인식을 생각해보고, 가면을 벗었을 때의 대가를 감당할 수 있는 상황이 언제인지 파악해라. 가면을 벗는 것이 반드시 극적인 사건일 필요는 없다. 그런 방식이 당신에게 재미있고 진정성 있게 느껴지지 않는다면 말이다. 가면을 조금씩 벗어가는 당신의 모습에 서서히 적응해가는 것도 좋다.

남편은 몇 년 전 기금 마련 행사에, 본질적으로 나와 다른 사람이라고 말할 수 있는 새 아내를 데리고 참석했다. 물론 행사에 참석한 여자와 나는 이름이 같지만, 그날 남편의 팔을 잡고 있던 여자는 이전과는 전혀 다른 사람이었다. 남편의 새 아내는 ADHD에 대해 온 세상에 떠들기 시작했고 '완벽하지만 따분한 아내'로서의 나의 연기는 아마도 어느 순간 설득력을 잃었을 것이다. 나는 더 이상 내가 하는 일을 근사하게 포장하지 않았다. 남편이 직장동료들에게 나의 새로운 일에 관해 얘기했고, 너무도 많은 이들이 내게 질문을 해주어서 놀랐다. 그날 밤 내내 나는 ADHD를 가졌거나 ADHD 자녀를 둔 남편의 직장동료들과 의미 있는 대화를 나누었다. 신경다양성이 대화의 주제가 아닐 때조차도 나는 진솔한 나의 자아를 좀 더 자신 있게 드러낼 수 있었다. 나의 농담이나 냉소를 굳이 거르지 않았고 댄스 타임도 마음껏 즐겼다. 행사 이후 며칠이 지났을 때 남편의 직장동료들이 나에 대해 한 말을 남편이 전해주었다. 사람들은 수년 동안 파티에 참석했던 가짜 메러디스보다는 진짜 메러디스를 훨씬 더 좋아하는 것 같았다.

당신도 본모습을 드러낼 자격이 있다. 물론 가면을 벗는다는 게 결코 쉬운 일이 아니란 걸 안다. 하지만 그게 과연 자신의 진정성을 부정하는 것보다 더 고통스러운 일일까? 당신이 안정감을 느끼는 공간을, 지지받는 공간을 찾아라. 그리고 온전히 자기 자신이 되는 것이 어떤 느낌인지 그 공간에서 실험해보아라. 그곳에서 느끼는 안도감만으로도 당신은 가면을 다시 쓰고 싶지 않을 것이다. 그 점을 염두에 두고 이제 가면을 쓰고 싶은 욕구를 완화하는 방법들을 살펴보자.

보상이 적은 가면부터 버린다

회의 중 가만히 앉아 있기가 힘들어 내내 안절부절못한다면, 제2장 과잉행동에서 다루었던 것처럼 움직이고 싶은 욕구를 분산시킬 간단한 방법들을 찾아보길 바란다. 낙서하거나 피젯링●을 만지작거릴 수 있는가? 수시로 일어서는 것도 가능한가?

완벽주의가 당신을 사로잡으려는 순간, 친한 친구가 집에 오는데 굳이 집 안을 완벽하게 정돈하려 애쓸 필요가 있는지 자신에게 물어라. 당신을 오랫동안 아껴주었던 친구인데 과연 그럴 필요가 있을까? 때로는 가면 밖으로 우리의 모습을 드러낼 때가 있다. 그때마다 다른 사람들도 자신의 진짜 모습을 드러내는 데 조금 더 편안함을 느낀다. 비교적 부담이 적은 상황에서 먼저 시작해보아라. 취약하지만 진정성 있는 자신의 모습에 좀 더 익숙해져라.

● 불안이나 긴장을 완화하고 집중력을 높이는 데 도움을 주기 위해 설계된 반지.

스스로 밝히는 것도 방법이다

ADHD를 다른 사람들에게 드러낼 것인지 말 것인지, 드러낸다면 언제 드러낼 것인지는 신중하게 판단할 문제다. 많은 이들이 ADHD를 이해하고 포용하는 세상에서 살 수 있으면 좋겠지만, 잘못된 정보와 낙인이 여전히 여러 커뮤니티에 난무하고 있다. 당신의 직관이 ADHD인임을 밝히는 게 위험하다고 말한다면, 부디 직관을 믿고 자신을 지킬 수 있는 좀 더 안전한 방법을 찾아보기 바란다.

가면을 벗는 대가를 감당할 수 있는 상황이라면, ADHD인으로 살면서 당신이 느끼는 어려움과 장점을 공유하는 방법도 생각해보아라. 나는 솔직하게 터놓고 얘기했을 때 얻는 지지와 격려에 늘 힘을 얻는다. 공개적으로 나의 이야기를 하기 전에 나는 믿을 만한 친구들과 동료들에게 내 마음을 살짝 털어놓았다. 그들의 격려에 나는 좋은 쪽으로 깜짝 놀랐다.

특정 업무가 ADHD인에게 유독 어렵게 느껴지는 이유에 대해 상사에게 얘기했더니 상사가 자기 딸도 ADHD를 갖고 있다고 말했다. 내가 ADHD 진단을 받았다고 친구들에게 말했을 때 그들은 비난하기보다는 궁금해했다. 인간관계 속에서 우리가 편안하게 진실을 말할 수 있을 때, 양측 모두에게 이롭다. 우리가 겪는 어려움을 계속 숨기는 대신, 모두를 위해 ADHD의 여파를 완화하는 방법을 함께 찾아갈 수 있다.

가면 벗기에 안전한 장소를 찾는다

있는 그대로의 당신을 사랑하고 포용하는 사람들과 함께 있을 때 당신은 치유되고 행복해진다. 당신의 삶에 이미 그런 사람들이 존재한다면 그들과 보내는 시간을 최우선 순위에 두어라. 그런 사람들이 없다면 그들을 찾아라. 그 어느 때보다도 ADHD인들을 위한 커뮤니티가 활성화되어 있다. 어떤 방식으로 사람들과 교류할지 생각해보아라. 직접 만남을 즐기는가? 편리한 온라인 플랫폼에서 연결되고 싶은가? 날마다 수많은 교류의 기회들이 생겨나고 있고 당신에게 맞는 커뮤니티를 찾는 것만으로도 엄청난 변화를 이룰 수 있다.

당신의 가치와 강점을 분명히 인식하라

가면을 벗는다는 건 어려운 일이다. 두려운 일일 수도 있다. 위험한 일일 수도 있다. 큰 불편한 감정에 맞닥뜨렸을 때, 우리는 종종 그 감정을 외면하고 싶다. 현재의 상태가 피로하고 소모적인 것은 사실이지만, 이 상태는 적어도 우리가 이미 알고 있는 '악마'이기 때문이다. 가면을 벗기 전에, 자기반성의 시간을 가져보는 것도 좋다. 이 글을 읽고 있는 당신에게 권하고 싶다. 당신의 에너지 일부를 사용하여 당신의 가치와 장점을 알아가라고. 자기 개념을 정립하고, 당신을 놀랍고 특별한 사람이게 하는 것에 집중하라고. 자존감이 커지면 가면을 벗는 것이 덜 두렵고 덜 불편하게 느껴질 것이다. 사람들의 말이나 의견은 여전히 아프겠지만, 자신의 가치를 믿는다면, 그런 것쯤은 세게 물린 느낌이라기보다는 살짝 찔린 느낌일 것이다.

연습: 자기 개념 정리

다음의 표를 이용하여 당신의 강점과 가치를 생각해보아라. 가면을 벗어도 안전한 환경인지 판단하는 데 도움이 될 것이다.

★
긍정적인 자기 개념 점검표

내가 좋아하는 나의 장점	사람들이 인정하는 나의 능력
내가 가장 진정성 있게 느껴지는 환경	자랑스러운 나의 성취들

19

압도감

나는 직장에서의 마지막 며칠을 최대한 바쁘게 돌아다니며 천천히 움직이는 시계를 외면하려 애쓰고 있었다. 그때 나의 새 회사 이름이 휴대전화에 떴고 사무실로 돌아가 전화를 받았다. 추가적인 서류 작업을 요청하려는 모양이라고 생각했다. 그런데 전화를 받는 순간 이런 말을 들었다. "메러디스, 문제가 생겼어요. 대학에 연락해보니 메러디스의 학위 기록이 없다네요." 두려움이 밀려들었고 나는 인사 담당자에게 아마 착오가 있는 모양이라고, 바로 알아보고 다시 연락하겠다고 말했다. 전화를 끊는 순간 온갖 감정들이 밀려들었지만, 그중에서도 내가 가장 크게 느낀 감정은 압도감이었다. 그 순간에는 명확히 인지하지 못했지만 애초에 나를 그런 상황에 처하게 한 것 역시 압도감이었다.

어떻게 해야 할지 생각하면서 나는 압도감에서 벗어나 행동을 취해보려 애썼다. 그러나 머릿속에 떠오르는 것이라고는 나의 실수로 이번 기회를 날릴 수도 있다는 생각뿐이었다. 내가 학위를 취득하지 못했다는 대학 측의 주장은 사실이었다. 나는 학위를 따는 데 필요한 모든 과정을 이수했다. 다만 학위를 취득하기 위한 마지막 서류 작업을 제대로 하지 않았다.

이 사건은 압도감으로 시작해서 압도감으로 끝난다. 나는 늘 수학을 어려워했고 대학 첫 학기에도 여전히 그랬다. 나는 대수학 과목을 신청했는데, 대수학은 내가 원하는 심리학 학위를 받는 데 필요한 유일한 수학 필수과목이었다. 첫 학기 수업은 비교적 수월한 편이었고 대부분의 수업이 평이했다. 문제는, 대수학 수업이었다. 대수학은 너무 따분했고 나는 첫 두 주에만 수업을 두 번이나 빠졌다. 그러다가 3주 차에 시험을 보았고 보기 좋게 낙제했다. 내가 수학 진도를 못 따라간다는 걸 알았다. 나는 대수학을 포기하고 다음 학기에 다시 신청했다. 그 과정은 두 번이나 되풀이되었고 2학년 때 대수학이 미래의 나에게 문제가 되리란 걸 알았다. 졸업반 봄학기가 될 때까지 X축과 Y축을 생각하지 않았지만 더 이상 미룰 수 없었다. 나는 짜증이 난 상태로 대수학을 신청했다. 이번이 마지막이기를 바라면서.

수업 첫날 신입생과 2학년이 대부분이었던 그 반에서 내가 유일한 졸업반이라는 사실이 약간 창피했지만, 이번만큼은 망치지 않고 제대로 해보기로 작정했다. 첫 두 주간 한 번도 빠지지 않고 수업을 들었지만 교수가 외국어를 하는 것 같았다. 4년 내내 피해 다닌다고 수학이 나아질 리 없었다. 역사는 반복되었고 나는 첫 시험에서 또다시 낙제했다. 개인 교습을 받을 수도 있었지만 이미 학교생활과 일로 꽉 찬 일정에 개인 교습을 끼워넣을 수가 없었다.

나는 또다시 대수학을 포기했다. 이수 과목 하나가 부족해도 졸업식에 참석할 수 있으리란 걸 알았다. 졸업 모자를 쓰고 졸업 가운을 입고 단상에 오르고, 졸업 파티를 하고, 이 문제는 나중에 해결할 생각이었다. 나는 미래의 나에게 이 일을 미루었다. 내가 압도감이 밀려들 때마다 상황을 회피하는 데 얼마나 선수가 되어 있는지는 애써 외면했다.

그해 여름 어느 지역 단과대학에서 나는 마침내 대수학 과목을 이수했다. 그렇다면 왜 채용담당자가 내게 전화해서 내 학위를 확인하지 못했다고 말했냐고? 그 대답을 떠올리는 순간 나는 거의 육체적 고통을 느꼈다. 학위 취득을 위해서는 성적증명서에 그 과목을 포함시켜야 했지만, 그 서류 작성 작업을 하지 않은 것이다. 그 일을 최대한 미루다가 어느 순간 완전히 잊었다. 또다시 압도감이 나를 장악했던 것이다. 나는 내 인생 최고의 기회를 그렇게 놓치게 될까봐 두려웠다.

    나는 가끔 생각해본다. ADHD와 고질적인 압도감에 대해 좀 더 일찍 알았더라면 나의 삶이 어떻게 달라졌을지. 그랬더라면 미래의 상사와의 이 당혹스러운 상황을 피할 수 있지 않았을까? 나에게 ADHD가 있다는 사실을 알았더라면, 삶의 매 단계에서 좀 더 일찍 도움받을 용기를 냈을 거란 생각이 든다. 과거를 바꿀 수는 없지만 그 상황에서 내가 정말 운이 좋았다는 건 안다. 채용담당자는 내게 학위를 확인할 수 없게 된 경위를 파악할 시간을 주었다. 나는 이수한 수업의 성적증명서를 학교로 보냈고 일주일 뒤 대학 측에서 학위를 발급해주었다. 그러나 일을 급하게 수습하느라 삼백 달러의 비용이 들었다. 속이 쓰렸지만, 미래의 회사가 날 이해해주지 않았더라면 훨씬 더 속이 쓰렸을 것이다.

ADHD인이 고질적인 압도감을 느끼는 이유

어떤 날이건 ADHD인에게 오늘 기분이 어떠냐고 묻는다면 가장 흔히 듣게 될 대답은, '압도당한 기분'일 것이다. 그리고 대답이 거의 똑같더라도 그 이유는 너무도 다양할 것이다.

    어떤 날은 걸음마하는 아이와 놀이방에서 하루를 보냈기 때문이다. 소음과 밝은 조명이 우리의 감각기관을 공격하고 우리의 인내심을 갉아먹는다. 집에 오면 그저 눈을 감고 심호흡을 하고 싶지만, 정신없이 나가느라 엉망이 된 집이 눈에 들어온다. 또 어떤 날은 하루 종일 직장에서 수많은 결정들을 해야 했는데 모든 결정이 과잉 사고와 반추의 악순환을 유발했기 때문이다. 저녁에 집으로 돌아오면 무얼 먹을지 결정해야 하고, 만들어야 하고, 먹은 것을 치워야 한다는 생각이 드는 순간, 우리는 얼어붙는다. 또 어떤 날은 직장에서 부정적인 피드백을 받고 극도의 감정 부조화 상태가 되어서 이제 무얼 해야 할지도 모르겠고 아무것도 할 수 없는 상태가 되었기 때문일 수도 있다. 그렇게 우리는 꼼짝없이 갇힌다. 다음 날 사무실에 들어서는 순간, 그날의 일은 물론이고 그 전날 하지 못했던 일까지 우리를 기다리고 있다. 고질적으로 압도감을 느낀다는 생각이 들 때까지 이 악순환이 반복된다.

우리가 겪는 ADHD의 증상들이 압도감의 큰 원인이지만, 우리가 흔히 사용하는 방어기제도 한몫한다. 일을 할 때 내게 가장 자주 나타나는 증상은 비위 맞추기와 완벽주의다. ADHD인은 종종 너무 많은 일을 떠안는다. 하지만 그것은 문제의 일부일 뿐이다. 우리는 모든 일을 불가능한 수준으로 탁월하게 해내야 한다고 자신을 설득한다. 그러다 보니 '전부 다' 해내는 것은 물론이고, 전부 다 '완벽하게' 해내야 한다는 생각이 우리를 압도한다.

우리 커뮤니티의 회원 타마라는 이렇게 설명한다. "'에브리씽 에브리웨어 올 앳 원스Everything Everywhere All At Once'라는 영화 알아요? 내 삶을 어떻게 계획할지, 무엇을 우선순위에 둘지 생각할 때의 내 심정을 가장 잘 표현한 말인 것 같아요. 해야 할 일을 생각하는 순간, 업무 관련 일, 개인적인 일, 집안일, 장보기, 소프트웨어 업데이트, 친구에게 문자 보내기, 샤워 같은 일들이 끝도 없이 떠올라요. 그러면 목록에 있는 모든 일을 지금 당장, 바로 이 순간 하고 싶어져요. 왜냐하면 그 모든 일들이 급박한 일이거나 이미 늦은 것 같거든요. 그 모든 일을 동시에 한다는 건 불가능하잖아요. 그래서 그중 어떤 일이 지금 당장 해야 할 일인지 알아내려는 순간, 모든 게 끼익! 하고 멈추어요. 일종의 압도 상태에 들어서는 거죠. 처음엔 그래도 희망이 있어요. 분명히 이 상황을 이겨내고 생산적으로 움직일 수 있다고 생각해요. 어쨌든 난 어른이잖아요? 그런데 대체 왜, 적어도 다섯 번은 본 드라마의 똑같은 에피소드를 보는 척하면서 동시에 소셜미디어를 스크롤하면서 이 상황을 해결해줄 마법의 포스팅을 찾아보고 있는 걸까요? 바로 그때 수치심이 밀려들고 불안이 치솟아요. 그래서 압도감의 지옥에 더 깊이 빠져들죠. 왜냐하면 어떤 결정을 한다는 게, 그게 어떤 결정이건, 말도 안 되게 중요한 일처럼 느껴지는데 동시에 아예 불가능한 일 같거든요."

이러한 증상과 사회적 요인 외에도, 우리가 이해해야 하는 중요한 사실이 있다. ADHD를 가진 사람은 평생 자신의 뇌 사용법을 모른 채 살아왔다. 자동 변속인 자동차를 수동 변속으로 알고 운전할 때 당신이 느낄 좌절감과 압도감을 상상해보기 바란다. 차를 주차장에서 빼내는 것만 해도 훨씬 더 많은 시간과 노력, 집중력이 필요할 것이다. 평생 신경전형인의 방식으로 일을 처리하려 노력했으니, 고질적으로 압도감을 느끼는 건 놀라운 일이 아니다.

압도감의 원인과 해법 찾기

이 장에서 당신이 한 가지라도 얻어간다면, 아마 이것일 것이다. 압도감을 느끼는 이유를 이해하지 못하면 영원히 그 무게에 짓눌린다는 것. 고질적 압도감의 악순환에서 벗어나는 것은 언제나 이 한 가지 질문에 답하는 능력을 기르는 것에서 시작된다. "오늘 내가 압도감을 느낀 이유는 무엇인가?"

나는 ADHD인이 압도감을 느끼는 주요 원인을 열거해보겠지만 이 목록에 당신의 원인을 추가하여 당신 자신만의 목록을 만들어보길 바란다.

— 충족되지 않은 생물학적 욕구가 있다

어렸을 때 나의 압도감을 엄마에게 설명하면, 엄마는 마지막으로 먹은 게 언제였냐고 물었다. 그럴 때면 나는 펄펄 뛰었다. 그러나 그게 얼마나 훌륭한 질문이었는지 지금은 안다. 배가 고프거나, 탈수 상태이거나, 혹은 수면 부족일 때 우리의 압도감은 증폭된다. 그런 게 주원인이 아니라는 생각이 들더라도, 시간을 내어 먹고 쉬어라. 그리고 더 맑은 두뇌로 압도감과 싸워라.

— 분석 마비에 갇혀 있다

ADHD인은 종종 우선순위를 정하는 것에 어려움을 느낀다. 여러 가지 사안이 다 중요해 보여서 일을 시작하지 못하고 '결정 단계'에 갇혀버린다. 분석 마비가 무엇을 먼저 해야 하는지 반추하게 만들고 결국 우리는 일을 미룬다. 그 단계에서 많은 시간을 허비할수록 압도감은 커진다.

— 감정조절이 안 되는 상태로 너무 긴 시간을 보냈다

격한 감정에 압도당한 상태일 때 얼마나 많은 일을 할 수 있는가? 당신의 대답이 "아주 많은 일을 할 수 있다"라면 부디 비결을 알려주길 바란다. 감정에 압도당하면 무얼 해야 할지 몰라 무력감을 느낀다. 감정을 처리하는 기술이 없으면 압도감을 극복하고 앞으로 나아가기 어렵다.

— 결정 피로

이웃사촌인 결정 마비처럼, 결정 피로 역시 우리의 압도감에 크게 기여한다. ADHD인은 아주 작은 결정을 내리는 것조차 힘들어하기 때문에 여러 가지 선택을 해야 하는 상황에 맞닥뜨리면 쉽게 압도당한다.

— 감각 과부하

업무와 해야 할 일들만 우리를 압도하는 게 아니다. 우리의 감각기관은 너무도 쉽게 압도당한다. 감각이 맹공격당하는 환경에 있을 때, 아주 작은 일을 처리하는 것조차 어려울 수 있다.

— 완벽주의 성향

우리가 해야 하는 일들만 우리를 압도하는 게 아니다. 일을 하는 방식도 우리를 압도한다. 완벽주의적 성향을 지니고 있다면 일을 아예 시작조차 하지 못할 수도 있다. 일을 완벽하게 할 수 있는 방법이 안 보이기 때문이다. 때로는 황당한 우리의 기대 수준에 맞추려고 일을 필요 이상으로 크게 벌이기도 한다. 우리 중 많은 이들이 해야 하는 일을 하려 애쓰며 하루를 산다. 내키지도 않고 보상도 없는 많은 일들을 매일 해야 한다는 생각이 들 때(말하자면 침대를 정돈하는 일과 같은), 그 일의 따분함과 그 일에 소모되는 에너지 때문에 압도당할 수도 있다.

― 길이 잘 보이지 않거나 불확실성이 너무 크다

ADHD인으로서 우리는 무슨 일을 하고 싶은지는 알지만, 어떻게 해야 할지를 모른다. 길이 잘 보이지 않는다면 엄두가 나지 않을 수도 있다. 너무 여러 단계로 이루어진 일이라면 작업기억 문제로 인해 집중력을 잃거나 옆길로 샐 확률이 높아서 두려울 수도 있다.

― 해결하지 못한 감정이 얽혀 있다

어쩌면 옷장 정리할 시간이 없는 게 아닐 수도 있다. 옷장을 들여다보는 순간, 충동적으로 구매해서 거의 입지도 않는 옷들이 있다는 걸 알고 그 수치심을 대면하고 싶지 않은 것일 수도 있다. 혹은 당신이 잊고 싶은 삶의 어느 한 시기에 산 옷들을 보고 싶지 않은 것일 수도 있다. 때로는 어떤 일에 얽혀 있는 우리의 감정이 우리를 압도하기도 한다.

― 시간과 역량에 대한 비현실적인 기대가 있다

제5장에서 시간실인증을 다루었고, 그것 역시 압도감에 크게 기여할 수 있다. 우리는 정확히 우리에게 얼마만큼의 시간이 주어져 있는지에 대해 과대 평가하거나 과소 평가하고, 그러다 보니 끊임없이 과도하게 일을 벌이고 끊임없이 압도당한다.

압도감에 대처하는 방법

압도감이 밀려들 때는 먼저 심호흡을 몇 번 하기 바란다. 당신의 생각들의 방향을 조심스럽게 호기심 쪽으로 틀어라. 압도감의 원인을 찾아라. 원인을 파악했다면, 다음 중 한 가지 방법을 시도해 보아라. 각각의 방법 옆에 어떤 원인일 때 가장 효과적인지도 명시해두었다.

생각에서 행동으로 작은 한 걸음을 내딛는다

(불확실한 길을 갈 때, 분석 마비 혹은 결정 피로를 느낄 때)

ADHD인은 생각이 많다. 그것은 우리의 가장 큰 자산일 수도 있고 가장 큰 저주일 수도 있다. 심지어 곰곰이 생각해보면 압도감에서 벗어날 방법을 찾을 수 있다고 우리 자신을 설득하지만, 거의 매번 실패로 끝난다. 압도감은 행동을 통해 가장 잘 해소

된다. 제10장에서 다루었듯이 압도감은 종종 우리 뇌의 내정상태회로에서 시작된다. 우리가 행동을 취하고 과제수행회로로 이동하면 내정상태회로가 잠잠해지고 압도감을 조성하는 압력의 밸브가 열린다.

행동을 취하는 것만으로도 압력은 줄어든다. 가장 힘들고 가장 합리적인 일을 먼저 해야 한다고 생각할 수도 있겠지만, 가장 쉽고 가장 재미있는 일을 먼저 하는 편이 더 쉬울 수 있다. 어떤 일이 압도감을 일으킨다면, 정신적 장벽이 가장 낮은 일을 찾아 그 일을 먼저 해라. 그 일을 통해 분비되는 도파민이 동기와 동력을 형성하는 데 도움을 줄 것이다. 도파민이 압도감에서 벗어나 일의 흐름을 타게 하는 촉매제로 작용할 수 있다.

신경계를 안정시켜라

(과잉 자극 혹은 감정조절장애 상태일 때)

당신이 감정조절이 안 되는 상태이거나 과잉 자극 상태임을 알았다면 압도감에 대한 행동을 취하기 전에 먼저 상태를 인지해야 한다. 상자 호흡, 샤워나 목욕, 자연 속 산책, 명상 같은 것이 감정조절장애 상태의 신경계를 안정시키는 데 도움이 된다. 이 방법들로 실험해보고 어떤 방법이 당신을 편안하게 하고 압도감에서 벗어나게 하는지 보아라.

결정 순간들을 줄여라

(분석 마비 혹은 결정 피로를 느낄 때)

ADHD인이 고질적인 압도감에 시달리는 이유 중 하나는 날마다 해야 하는 결정들이 누적되면서 정신적 육체적으로 우리의 에너지를 고갈시키기 때문이다. 일상에서 압도감의 누적을 완화하는 방법으로는 하루에 결정해야 할 것의 총량을 줄이는 것이다. 결정 순간이란, 선택을 해야 하는 모든 상황을 뜻하는 말이다. 무슨 옷을 입을지, 무얼 먹을지, 심지어 어떤 인터넷 방송을 들을지 결정하는 것 등이 여기에 포함된다.

하루의 특정 시간대에 무엇이 압도감을 유발하는지 파악하는 것에서 시작해라. 그 상황에서 결정 순간을 제거하거나, 자동화하거나, 단순화할 수 있는지 보아라. 아침 일과를 살펴보는 것도 좋은 출발이다. 어디에서 걸리는가? 무슨 옷을 입을지 결정하는 게 어렵다면 출근할 때 입을 '유니폼'을 지정하고 매일 조금씩만 변화를 주어라. 아니면 시간을 내어 요일마다 무슨 옷을 입을지 미리 정해놓고 매주 반복하는 것도 좋다. 걸리는 지점이 식사 준비라면, '유니폼' 방식을 적용하는 것이 여기서도 도움이 될지 생각해보아라. 질릴 때까지 같은 음식으로 아침 식사를 한 다음, 다른 음식으로 바꾸어라. 일상에서 결정의 횟수를 줄일수록, 언제나 압도감을 느끼는 상황은 때때로 압도감을 느끼는 상황으로 바뀔 수 있다.

머리 비우기

(분석 마비, 완벽주의, 감정적 회피 혹은 불확실한 길을 갈 때)

머릿속의 압도감을 종이에 쏟아내보면 조금은 머리가 맑아진 기분이 들 것이다. 머리 비우기는 반드시 체계적일 필요는 없다(때로는 체계적이지 않은 편이 더 낫다). 압도감에 관한 당신의 생각을 전부 다 적어보는 것처럼 간단하게 해볼 수 있는 일도 있다. 상황을 좀 더 잘 이해할 수 있도록 압도감을 표면화하는 것이다. 생각을 적는 동안 당신이 가장 압도감을 느끼는 상황에 어떤 패턴이 있는지 파악해라. 생각에서 벗어나 행동할 수 있는 가장 간단한 방법들을 생각해보아라.

의사결정 게임

(분석 마비 혹은 결정 피로를 느낄 때)

위험 부담이 낮은 결정에 가장 효과적인 방법이다. 어떤 직종으로 전환할 것인지를 운에 맡길 수는 없겠지만, 압도감을 주는 일들의 목록으로 게임화할 수는 있을 것이다. 동전 뒤집기 게임도 좋고, 결정이 필요한 일을 다트 보드에 써놓고 문자 그대로 할 일을 찍는 것처럼 단순한 게임도 좋다. 할 일을 정리해주고 무작위로 선정해주는 앱도 있다. 우리의 ADHD 두뇌는 새로운 것을 좋아한다. 다음번에 압도감이 밀려올 때 할 일 목록을 게임으로 만들 방법을 생각해두어라.

당신의 역량을 감안하라

(완벽주의, 시간실인증 혹은 자신의 역량에 대한 판단 오류)

때로 우리는 단지 할 일이 너무 많아서 압도감을 느끼기도 한다. 정직하게 자신의 역량을 가늠해보았을 때 주어진 일이 한도를 초과한다면 무언가를 놓아버리는 것도 중요하다. 마음껏 먹을 수 있는 뷔페에서 지나치게 욕심을 부리는 당신의 모습을 상상해보아라. 당신은 테이블로 돌아오다가 접시에 있는 음식 중 일부를 덜어내지 않으면 바닥에 쏟게 되리란 걸 깨닫는다. 그렇다면 별로 좋아하지도 않는 빵과 왠지 채소를 곁들여야 할 것 같은 생각에 가져온 축 늘어진 브로콜리는 도로 내려놓아야 한다. 무엇을 포기할지 결정하지 못하면 바닥에 쏟아서 엄청난 소란을 피울 위험을 감수해야 한다. 일을 덜어내는 것은 너무도 힘든 일이지만, 일부를 덜어내는 것이 다 망치는 것보다 낫다. 과도한 부담을 떠안게 되었을 때 거절하거나 도움을 청하는 법을 터득하게 되면, 시간이 지날수록 자신의 역량을 감안해 일하기가 수월해진다. 필요하다면 비위 맞추기를 다룬 제16장을 다시 읽어보고, 경계를 설정하고, 할 수 있는 일과 할 수 없는 일을 현실적으로 판단하는 데 필요한 도움을 얻길 바란다.

평일의 마지막 몇 분은 내일을 위해 쓴다

(미래의 압도감을 피하고 싶을 때, 불확실한 길 혹은 분석 마비로 인한 압도감으로 인해 어려움을 느낄 때)

상황이 급박하지 않을 때 어떤 결정을 해야 할지가 좀 더 명확해진다. 평일의 마지막 15분을 다음 날을 위해 사용하는 것이야말로 진정으로 삶을 변화시키는 습관이다. 전환 절차를 만들어 다음 날 해야 할 몇 가지 결정을 미리 해두어라. 최우선으로 처리할 일 세 가지를 파악하고 다음 날 볼 수 있는 곳에 적어두어라. 이런 절차를 밟는다면 압도감에서 좀 더 신속하게 벗어날 수 있다.

얘기해라

(모든 유형의 압도감에 사용)

너무 뻔한 말이라 불쾌할 수도 있지만 때로는 상황은 그 정도로 간단하게 해결되기도 한다. 압도감 또한 다른 모든 감정과 마찬가지로 이름 붙이고 얘기하는 것이 도움이 된다. 압도감을 말로 해소하고 싶은데 들어줄 수 있느냐고 동료나 친구에게 물어

라. 믿을 만한 사람이 없는가? 그렇다면 혼자 얘기하며 녹음해라. 고질적으로 압도감에 시달린다면, 치료사나 코치의 도움을 받아 보는 것도 좋다. 당신이 느끼는 압도감에 목소리를 줄 때 다음 단계가 선명하게 보일 수 있다.

연습: 나는 왜 압도감을 느끼는가? 어떻게 벗어날 수 있을까?

압도감을 느낄 때, 아래의 표가 최선의 전략을 선택하는 데 도움을 줄 수 있다. 당신이 느끼는 감정에 일치하는 원인을 왼쪽에서 찾은 다음, 줄을 따라 가장 도움이 되는 전략을 오른쪽에서 찾아라.

*

나는 왜 압도감을 느끼고 무엇이 도움이 될까?

원인	전략
배고픔 혹은 피로	생리적 욕구 충족 및 재평가
감정조절 장애	결정 순간 줄이기
분석 마비	신경계 안정
결정 피로	머리비우기
감각 과부하	의사결정의 게임화
완벽주의	대화
불확실성	줄이거나 제거할 일 결정
감정 회피	그 밖의 개인적인 전략들
능력 과소 평가	
'해야 하는 일'에 지나치게 몰입	

20

ADHD 번아웃

어느 아름다운 봄날, 나는 공원에 차를 세우고 차 안에 앉아 있었다. 차에서 내려 유아차 피트니스 수업을 시작할 엄두가 나지 않았다. 나는 휴대전화 화면을 넘겨보면서, 지난 4년 동안 일주일에 나흘을 해왔던 일에 대한 두려움을 떨쳐내려 애썼다.

벌써 몇 달째 이 패턴대로 살고 있었지만 오늘은 유독 힘든 수업이 되리란 걸 알았다. 내가 이 사업을 접게 되었다는 소식을 회원들에게 전하는 것을 더는 미룰 수가 없었다. 다가올 일을 생각하니 가슴이 조여오는 듯한 기분이 들었다. 이 프로그램에서 만나 돈독한 관계를 맺은 부모들은 내게 질문이 많을 것이다. 사업을 매각하려는 건지, 단지 규모를 축소하려는 건지 궁금해할 것이다.

어쩌다 이 지경에 이르렀는지 나 자신도 대답을 찾지 못한 질문들이 있었다. 나는 이 프로그램에 엄청난 에너지를 쏟아부었고 내가 일구어낸 커뮤니티에 큰 자부심을 느꼈다. 일 년 전 이 사업의 프랜차이즈와의 계약을 갱신했고 전성기를 눈앞에 두고 있다고 낙관했다. 그토록 아끼던 일이었는데, 왜 지금은 한 달도 더 못하겠다는 생각이 드는 걸까?

대답은 단순하면서도 복잡했다. ADHD로 악화된 번아웃 때문이었다. 차에 앉아 있던 당시에도 내게 번아웃이 왔다는 건 알았지만, 나의 뇌가 더 이상 그 사업을 감당할 수 없었던 이유를 제대로 이해하게 된 건 그로부터 몇 년 뒤였다.

사업을 접은 뒤 얼마 안 되어서 ADHD에 대해 본격적으로 공부하기 시작했다. 물론 표면적으로는 번아웃이 너무도 분명했지만, 번아웃을 유발한 원인은 단순히 일을 과도하게 벌였다는 상투적인 설명 이상의 무언가가 있었다. 나는 단지 하루하루 일이 너무 많은 게 아니었다. 나의 역량을 감당할 수 없는 수준으로 확장했고 잘못 관리했다. ADHD에 관한 이해가 부족했기 때문이었다.

ADHD 번아웃의 이해

ADHD 번아웃에 대해 알면 알수록 당신이 혼자가 아니라는 사실 또한 깨닫게 될 것이다. 아마도 당신은 이렇게 묻고 싶을 것이다. 현대 사회에서 누구나 때때로 번아웃이 오지 않느냐고. 그 대답은 다소 복잡하다. 그러나 ADHD인의 경우 정상인보다 번아웃을 겪는 이유가 더 많고 더 복잡한 것이 사실이다.

딱히 그럴만한 이유가 없는데도 번아웃을 느낀 적이 있는가? 장시간 일을 하지도 않았다. 집안일이 바쁘긴 해도 딱히 큰 시련이 있는 것도 아니다. 때로는 딱히 하는 일도 없이 며칠을 보낸 뒤에도 여전히 배터리가 완전히 충전된 것 같지 않다. 그렇다면 당신은 ADHD인이 유독 취약한 독특한 번아웃을 겪는 것이다. 이런 유형의 번아웃은 불가능한 목표를 달성하려 애쓰다가 오는 것이 아니라, 일상에서 맞닥뜨리는 여러 어려움이 누적된 데서 오는 것이다. ADHD인이 일상에서 끊임없이 직면하는 '미세한 어려움들'이 누구나 겪는 일반적인 어려움과 결합할 때, 우리는 신경전형인 동료들, 친구들, 이웃들보다 훨씬 더 빠르게, 그리고 자주 한계에 도달한다.

그보다 더 혼란스러운 것은 우리의 엄청난 장점이라고 말할 수 있는 과집중이 오히려 문제를 일으킬 수 있다는 점이다. 프로젝트에 몰입하다 보면 종일 먹는 것마저 잊고, 일어나서 움직이지도 않고, 시간 가는 줄도 모른다. 아마 내 말이 무슨 뜻인지 알 것이다. 아마도 당신은 회사 건물의 불이 다 꺼질 무렵에야 비로소 정신을 차리고 집에 갈 시간이 한참 지났음을 깨닫곤 할 것이다. 과집중 사례는 너무도 다양한 서사로 나타나겠지만 그다음에 일어나는 일은 모든 ADHD인에게 동일하다. 과집중 이후의 시간은 다른 의미에서 강렬하다. 우리는 육체적 정신적으로 극도의 피로감을 느낀다. 매일 최상의 수준으로 일을 해내야 한다는 우리의 부정적인 생각으로 인해 회복이 더 어려워질 수 있다. 얼마나 생산적일 수 있는지 우리는 그 전날 분명히 증명했다. 그런데 다음 날은 왜 그럴 수가 없단 말인가?

그 속에서 훨훨 날아다닐 땐 매번 기분이 좋겠지만 과집중에는 반드시 의외의 대가가 따른다. 과집중 상태에서 벗어나기가 쉽지 않고, 그것은 곧 잠이나 영양 섭취 같은 생물학적 요구를 외면하기도 쉽다는 뜻이다. 이것은 일종의 악순환으로 작용하여 과집중 상태에서 벗어나기까지 더 많은 시간이 소요된다. 더구나 현대인의 삶은 과집중 이후 적절한 휴식을 취할 수 있도록 설계되어 있지 않다.

단지 과집중만이 큰 폭의 에너지 기복을 유발하는 것은 아니다. 월경을 하는 ADHD인은 호르몬에도 엄청난 영향을 받는 것으로 보고된다. 나는 황체기의 마지막에 접어들면 딴사람이 된 것 같은 기분이 든다. 그럴 때면 카리스마 있고 창의적이며 조리 있게 말할 줄 아는 이전의 메러디스가 그리워진다. 이러한 변화를 이해하기 전에는 한 달 내내 주기의 초반(난포기) 때처럼 일할 수 있기를 바랐다. 신체와 호르몬이 우리의 증상에 미치는 영향에 대한 이해가 없으면 지나친 기대와 부정적 자기 대화에 휩쓸릴 수밖에 없다. 브레인포그brain fog, 집중력 문제, 짧은 작업기억과 같은 증상들은 ADHD인의 황체기에는 더 어려울 수 있다. 이런 면을 이해한다면 우리의 일상을 그에 맞추어 조절하는 데 도움이 될 것이다.

    ADHD인은 휴식을 취하기 위해 시간을 내어도 제대로 충전하지 못한다. 토요일에 쉴 수 있다는 생각에 너무도 신이 났는데, 막상 어느 영화를 볼지 결정을 못 해 넷플릭스 트레일러만 보다가 결국 아무것도 못 봤던 적이 있다면 내 말이 무슨 뜻인지 알 것이다. 그러고 나면 주말이 허망하게 지나가 버린다는 생각에 그런 식으로 허비한 자신을 정신적으로 두들겨 패는 시간이 이어진다. 그것은 우리가 생각했던 의미 있는 휴식과는 거리가 멀다.

    결정 피로와 반추가 '어떻게' 쉴 것인지의 선택을 어렵게 만든다. 내적 과잉행동이 생각의 속도를 늦추는 것을 어렵게 만들고, 결국 우리는 그토록 간절히 원하던 휴식을 취하지 못하고 또 하루를 보낸다.

번아웃을 유발하는 ADHD 증상들 외에도, ADHD와 함께 살면서 생기는 부수적인 문제들 또한 우리 행동에 영향을 미친다. 우리는 '제대로 썼는지' 확인하기 위해 이메일 한 통을 놓고도 너무 오래 생각하며 시간을 보낸다. 소셜미디어에서 우리의 사업을 홍보할 완벽한 포스팅을 만들기 위해 몇 시간을 고심하지만 '충분히 훌륭'한 것과 거리가 멀어서 결국 지워버린다.

이런 식으로 완벽주의는 우리의 일을, 심지어 우리의 일상을 과도하게 복잡하게 만든다. 높은 기준에 맞는 작업물을 선뜻 제출하지 못하고 '특출'하다고 여겨질 정도의 작업물을 만들기 위해 시간과 에너지를 쏟아붓는다. 이러한 성향은 일상생활에도 스며들어서 그림처럼 완벽한 집과 일상을 유지하려 애쓴다. 이러한 압박감에 공감이 간다면, 그게 왜 번아웃을 유발하는 주요인으로 작용하는지 굳이 설명할 필요가 없을 것이다. 시간이 흐를수록, 불가능한 기대 수준이 우리를 벼랑 끝으로 내몰고, 그렇게 되면 다시 의욕의 불꽃을 되살리는 것은 거의 불가능한 일처럼 느껴진다.

비위 맞추기 또한 짚고 넘어가야 할 중요한 요인이다. 우리는 해낼 능력도 의욕도 없는 일에 충동적으로 "예스"라고 답한다.

고질적 압도감이나 분노에 휩싸인 상황에서 책임을 다하려 애쓰는 것이야말로 우리의 시간적 감정적 예산을 고갈시킨다.

나의 친구이자 동료 인스타그램 크리에이터인 트리나가 지적한 것처럼, 시간실인증의 문제도 있다. "시간실인증은 번아웃과 깊은 관련이 있는 것 같아요. 나는 어떤 작업을 끝내기까지 시간이 얼마나 걸리는지, 혹은 내가 하기로 결심한 일들에 시간이 얼마나 소요될지 가늠을 잘 못해요. 그래서 항상 시간을 과도하게 잡아놓고 엄청난 불안과 압도감에 시달리죠. 내가 시간이나 에너지를 관리하는 방식도 번아웃에 기여한다고 생각해요. 왜냐하면 '쉬운' 일들도 긴박감을 조성하기 위해 마지막 순간까지 미루어서, 번아웃을 자초하거든요. 의도적으로 혼란스러운 상황을 만들어서 주기적으로 도파민을 공급하려 해요. 이렇게 혼란과 압도감을 주기적으로 만들다 보니 수시로 번아웃이 와요. 번아웃은 내 삶에 엄청난 타격을 입혔고 당연히 병을 유발했어요. 난 일상적으로 번아웃과 싸워야 하고 시간과 에너지를 관리하는 방식에 주의를 기울여야만 해요."

ADHD를 가진 사람에게 번아웃을 피하는 것은 너무도 어려운 일처럼 느껴질 수 있다. 다행히 당신의 능력을 이해하고 관리하는 방식에 변화를 준다면, 그 악순환을 깨고 새로운 삶을 설계할 수 있다.

자신의 역량에 대한 이해와 관리

ADHD 코칭 사업을 준비하던 시기에 나는 오래전 피트니스 사업을 접던 날을 자주 떠올렸다. 나는 그 고통스러웠던 번아웃의 시기를 기억하고 새로운 일을 시작하면 똑같은 상황을 자초하지 않겠다고 다짐했다. 지속 가능한 변화를 만들기 전에 번아웃을 바라보는 관점을 재정립해야 한다는 걸 알았다. 번아웃의 악순환이 되풀이되는 것을 막고 싶다면 휴식과 휴가에만 의존할 수는 없었다.

나는 그 점을 염두에 두고 ADHD의 성향을 고려하는 방식으로 사업을 설계하기 시작했다. 먼저 생산성과 일관성에 대한 관점을 재정립해야 했다. 규칙적으로 나의 역량을 평가하기 시작했고 외적 요인과 내적 요인에 따라 일상의 책임을 조절했다. 단기적 성공보다 지속 가능성을 우선시하는 방식이었다. 성장의 측면에서 보면 느린 접근이지만 장기적 만족감이라는 보상이 있는 방식이라고도 말할 수 있었다. 나의 ADHD 성향을 이해하고 그 점을 감안하고 사업을 구상함으로써 번아웃을 극복할 수 있었고, 하고자 하는 일을 계속할 동기를 끌어낼 수 있었다. 이제 당신의 삶에서 번아웃을 줄여가는 방법에 대해 얘기해보자.

고에너지 과집중 상태에서 생물학적 욕구를 관리한다

번아웃 관리라고 하면 우리는 에너지 수준이 낮을 때의 자기 돌봄과 휴식만 생각한다. 그러나 에너지 수준이 높을 때 우리가 할 수 있는 가장 중요한 일 중 하나는 우리에게 생물학적 욕구를 충족시켜 주어야 하는 육체가 있다는 사실을 기억하는 것이다. 우리는 과집중 상태일 때 끼니를 거르거나 수면 부족이 되지 않도록 유의할 필요가 있다.

영양 간식을 준비해서 과집중에 미리 대비하면 편리하다. 끼니를 아예 거르고 싶은 욕구가 상당히 강할 수 있고, 음식을 만들거나 주문하려면 시간이 너무 오래 걸린다는 생각이 들 수도 있다. 배고픔의 신호를 느끼는 것 자체가 우리에겐 어렵다. 이런 상태일 때 별도의 준비가 필요하지 않은 영양 간식이 있다면 좋을 것이다. 식사 시간을 알리는 알람을 설정해두는 것도 고려할 만하다.

에너지 수준이 높은 시기에 육체의 욕구를 돌본다고 해서 에너지 수준이 낮은 날들을 피할 수 있는 건 아니지만 타격의 강도를 줄일 수는 있다.

숙면을 위한 전환 절차를 만든다

고에너지 시기에는 적절한 휴식을 취하는 것 또한 어려울 수 있다. 이 시기 우리의 뇌는 흥분 상태이고 활성화된 상태라 생각의 속도를 늦추고 진정시키기가 어렵다. 이 상황을 극복하기 위해, 과집중 상태를 중단할 때가 되었음을 뇌에 알리는 전환 절차를 만들어라. 한 단계에서 다음 단계로 넘어간다는 신호를 줄 수 있는 것이라면 무엇이든 좋다. 많은 이들이 하루가 끝날 무렵 산책을 함으로써 뇌에 처리할 시간을 주면 좀 더 쉽게 휴식기에 접어들 수 있다고 말한다. 하루가 끝날 무렵 생각이나 아이디어를 쏟아내고 나면 집중 상태에서 벗어나는 것을 좀 더 편안하게 받아들일 수 있다고 말하는 사람들도 있다. 아이디어들을 의식적으로 머리에서 꺼내놓으면 잠을 청할 때 반추의 패턴에 갇힐 확률을 최소화할 수 있다.

저에너지 단계에서 뇌와 육체의 욕구를 외면하지 않는다

에너지와 집중력이 높을 때 생물학적 욕구를 잘 관리하는 것과는 별개로 에너지가 떨어지고 ADHD 증상의 여파로 인한 어려움을 겪을 때에도 보살핌이 필요하다.

ADHD인으로서 우리가 걸려들 수 있는 가장 큰 함정은 집중력과 에너지가 최하 수준일 때조차도 계속 '밀고 나가려' 애쓰는 것이다. 수치심을 자극하는 것과 같은 강압 전술을 사용하여 일시적으로 일을 밀어붙일 수는 있을 것이다. 그러나 부정적 강화는 단기적으로만 효과가 있을 뿐이다. 시간이 흐를수록 우리는 더 빠르게 고갈의 길로 들어선다. 번아웃의 악순환에서 진정으로 벗어나고 싶다면, 우리의 에너지 폭에 주의를 기울이고 또 존중해야 한다. 다음은 에너지가 부족할 때 최대치의 역량을 끌어내는 방법들이다.

'빨강, 노랑, 초록'으로 구분한다

빨강, 노랑, 초록 신호는 에너지 수준을 평가하여 그에 맞게 집중하고 에너지 소모를 설계하는 것이다. 빨간 날은 당신에게 어떤 느낌인지 기록해보아라. 빨간 날 당신은 에너지 용량이 적거나 없어서 지친 느낌일 것이다. 빨간 날이라는 생각이 들면 그날은 해야 할 일을 최소화한다. 어떤 이에게 빨간 날은 소소한 집안일을 하거나, 먹고 쉬는 것처럼 단순한 일을 하는 날일 것이다. 또 어떤 이에게는 가족들을 돌보거나 업무상의 몇 가지 일만 처리하는 날일 것이다.

다음은 노란 날이 당신에게 어떤 느낌일지 생각해보아라. 노란 날은 그럭저럭 괜찮은 날이지만 의욕을 끌어내려면 꽤 노력해야 하는 날이다. 어느 정도의 역량은 발휘할 수 있지만 일을 시작하기는 쉽지 않다. 노란 날이라는 생각이 들면, 최소한의 일에 몇 가지 일들만 추가한다. 이럴 때 추가할 일들을 미리 결정해두면,

결정 피로를 줄이는 데 도움이 된다. 노란 날들은 조심스럽게 접근해야 하고, 자칫 빨간 날이 되지 않도록 자주 휴식을 취해주는 게 좋다.

마지막으로 초록 날은 당신에게 어떤 느낌일지 생각해보아라. 집중력이 좋고 에너지가 넘칠 때 공략할 수 있는 장기적이고 복잡한 일의 목록을 만들어라. 에너지가 넘칠 때 그에 맞는 일을 자신에게 부여한다면, 당신의 육체와 두뇌의 타고난 성향에 따라 역량을 관리할 수 있을 것이다.

휴식의 개념을 다시 정의한다

ADHD인은 휴식에 대해 편협한 견해를 갖도록 배웠을 것이다. 그래서 일이나 가족에 대한 의무에서 벗어나는 시간을 휴식이라고 생각할 것이다. 그러나 우리에게 휴식이란 일을 쉬는 것보다 좀 더 복잡한 문제다. 소파에 앉아 휴대폰을 스크롤하며 몇 시간을 보내보지만, 어쩐 일인지 그러고 나서도 여전히 피로감을 느낀다. 따라서 의도적으로 휴식을 취하고 특정한 방식의 재충전이 필요한 시점임을 알아차리는 것이 중요하다. 다음은 다양한 형태의 휴식으로, 해당 휴식이 필요한 상황을 함께 명시했다.

― 육체적 휴식

아마도 가장 단순한 형태의 휴식일 것이다. 피로를 느낄 때 육체적 휴식을 취하는 것을 뜻한다. 낮잠을 자거나 몸이 회복될 때까지 수면을 최우선 순위에 두는 것 등이 포함된다.

― 감각의 휴식

과잉 자극은 ADHD인에게 심각한 문제일 수 있고 나아가서 번아웃의 한 요인이 될 수도 있다. 과잉 자극 상황에 노출되어 있다면, 휴식 시간에는 신경계를 안정시킬 수 있는 활동을 하는 것이 중요하다. 안정감을 주고 마음을 편안하게 하는 것들을 생각해보아라. 많은 이들이 자연 속에서 혼자 시간을 보낼 때 마음이 차분해지는 것을 느낀다. 감각이 휴식을 취할 수 있는 평화로운 장소를 집 안에 만들어두고 그곳에서 마음의 안정을 찾는 것도 좋다.

― 감정적 휴식

감정적 부담을 무겁게 느끼고 있다면 감정적 휴식을 고려해볼 만하다. 직장에서 혹은 가정의 역할 속에서 우리는 타인을 위한 감정적 공간을 만든다. 우리의 감정을 소모하는 끔찍한 소식이나 정보는 언제나 넘친다. 감정의 우물이 고갈되었다고 느껴진다면 당신 자신의 정신적 행복을 최우선으로 생각해라. 소셜미디어를 한동안 끊어라. 가볍고 재미있는 즐길 거리를 선택해라. 당신을 지치게 만드는 주제로 대화해야 하는 친구나 가족들과의 경계를 설정하라. 우리 자신의 감정적 욕구를 돌보지 않으면 타인을 위한 공간 역시 지킬 수 없다.

── **모험과 놀이를 통한 휴식**

ADHD인에게 번아웃을 유발하는 요소 중 간과되고 있는 것은 과소 자극이다. 일상의 의무들이 너무 따분하고 재미없게 느껴질 때, 우리의 뇌는 덤덤해지고 무감각해진다. 지나치게 단조로운 일상으로 인해 피로감을 느낀다면 모험과 놀이를 통한 휴식을 시도해보는 것도 좋다. 새로운 취미에 도전해보거나, 강의를 듣거나, 흥미로운 주제에 관해 조사해볼 수도 있을 것이다. 따분한 일상으로 인한 번아웃에 시달린다면 여가 시간에 재미를 추구하는 것을 자신에게 허용해라.

연습: 휴식 계획표

다음은 여가 시간을 좀 더 잘 활용하여 충전할 수 있도록 돕는 계획표이다. 먼저, 어떤 유형의 휴식이 필요한지 파악하고, 그에 맞는 활동을 표에서 찾아보기 바란다. 시도해볼 수 있는 몇 가지 방안들을 제시했지만 어떤 활동이 실제로 도움이 될지는 오직 당신만 알 수 있다. 당신이 생각하는 휴식의 개념이 무엇인지 빈 칸을 채워 알아보아라. 당신의 소중한 휴식 시간을 어떻게 채울지 반추하게 될 때 이 표를 하나의 틀로 이용하기 바란다.

육체적 휴식	감각의 휴식	감정적 휴식	모험과 놀이를 통한 휴식
일찍 잠자리에 들기	명상	일기 쓰기	새로운 신체 활동 도전
마사지/침	알림 끄기 인터넷 끊기	커뮤니티 활동	낯선 장소 산책

21

목표 폐기

봄학기 첫날이었고 나는 어느덧 익숙해진 내적 혼돈을 느끼고 있었다. 나는 다음 수업에 가려고 계단을 뛰어오르는 중이었고 언제나처럼 지각이었다. 강의실이 어딘지도 모르고 있었다니 너무 부주의했다고 내면의 목소리가 내게 일깨웠다. 나는 캠퍼스 오리엔테이션 상담사로 채용되었고 그것은 내가 신입생 시절부터 하고 싶었던 일이었다. 일을 시작하기 전에 한 학기 내내 교육을 받으며 다른 상담사들과 사귀어야 했다. 캠퍼스 상담사는 리더십이 요구되는 중요한 직책인데, 첫날부터 나쁜 인상을 주게 된 것 같아 두려웠다.

조용히 강의실 문을 열며 아무도 모르게 들어갈 수 있기를 바랐지만 안을 들여다보니 모두가 강의실 바닥에 빙 둘러앉아 있었다. 누가 봐도 짜증 섞인 목소리로 진행자가 내게 인사를 건네며 아이스브레이킹 시간을 갖는 중이라고 말했다. 나는 수치심을 느끼며 자리에 앉아 상황을 파악하려 애썼다.

  친해지기 위한 질문 중에 "인생에서 이루고 싶은 가장 큰 꿈이 무엇인가요?"가 있었다. 수치심이 설렘으로 바뀌었다. '드디어 내가 나설 때가 됐군!' 꿈에 관해서라면 내가 전문가였다. 다른 사람들의 대답에 주의를 기울이려 했지만 "변호사로 성공하고 싶어요"라는 대답이 너무 많았고, 어느 순간 나는 대화에 완전히 흥미를 잃었다. 대신 나는 머릿속에서 휘몰아치는 수많은 꿈을 생각했다. 꿈 하나를 고르려 애쓰고 있는데, 전에 한 번도 생각해본 적 없는 꿈이 하나 떠올랐다. 나는 만성 질환을 앓고 있는 십 대들이 또래 집단의 도움을 받을 수 있도록 돕는 비영리 재단을 설립할 것이다. 바로 이것이었다! 내가 얼마나 공감할 줄 알고 의욕적이며 강한 사람인지 보여줄 수 있는 완벽한 꿈! 이제 내가 지각했다는 사실을 모두가 잊을 것이다.

  마침내 내 차례가 되었고 나는 주저 없이 나의 새로운 꿈에 관해 얘기했다. 꽤 그럴싸하게 설명했고 그 꿈을 이루기 위해 몇 년째 노력하고 있다고 나 자신마저 속였다. 불과 몇 분 만에 나는 "만나서 반가워"에서 "나의 인생 이야기"로 옮겨갔다. 대학 입학 직전에 발작성 장애 진단을 받았고, 그때 얼마나 막막하고 혼란스럽고 도움받을 곳이 없었는지 조심스럽게 얘기했다. 당시의 경험으로 만성 질환을 가진 십 대와 청년들이 또래 집단의 도움을 받을 수 있도록 연결하는 비영리 재단을 만들겠다는 소명을 갖게 되었다고 말했다.

아이스브레이킹 시간이 끝난 뒤 몇 명이 내게 다가와 나의 꿈에 감동했다고 말했다. 그들의 따스한 말에 나는 우쭐해졌고 힘이 솟았다. 칭찬을 만끽하고 있는데, 나의 룸메이트가 묘한 표정으로 나를 보았다. 살짝 당황한 나는 다른 학생들로부터 벗어나 룸메이트와 함께 건물 밖으로 나갔다.

"근데…… 그 꿈 얘기는 처음 듣는데? 지난주만 해도 너 완전히 다른 꿈 얘기했잖아." 룸메이트가 물었다.

"맞아. 실은 오늘 생각한 거야. 하지만 이게 진짜 나의 꿈인 거 같아." 내가 말했다. 확신이 있는 척하려 했지만, 나의 목표와 생각이 끊임없이 바뀌고 있음을 들킨 것 같은 기분을 떨쳐버릴 수 없었다. 속이 상했지만, 그로 인해 나 자신을 돌아보게 되었고, 그랬더니 더 속상해졌다. 나는 늘 꿈만 꾸었지 실천하는 게 하나도 없었다.

나는 만성 질환이 있는 청소년들을 위한 비영리 재단을 만들겠다는 목표를 위해 한동안 노력했다. 그리고 그다음에는 엄마들이 편안히 즐길 수 있도록 탁아시설이 갖추어진 스파를 만드는 게 꿈이었고, 그다음에는 커피숍이 있는 실내 놀이터가 꿈이었다. 매번 나의 아이디어를 친구와 가족에게 공유했고 그들의 격려를 받았다. 그러나 시간이 흐를수록 사람들의 반응이 시들해지는 것을 느꼈다. 그들이 무슨 생각을 하는지는 알 수는 없었지만 아마도 "메러디스는 늘 말뿐이야. 실제로 하는 건 하나도 없어"와 비슷할 거라고 짐작할 수 있었다.

무엇이 ADHD인의 목표를 가로막는가?

내가 세상에서 가장 좋아하는 장소가 있다면 ADHD인들이 모여 아이디어를 내는 곳이다. 영감을 얻은 신경다양성 두뇌가 얼마나 창의적인 아이디어를 무궁무진하게 쏟아낼 수 있는지 나는 매번 놀란다. 불행히도 내가 아는 많은 ADHD인은 이렇게 온갖 아이디어가 떠오르는데도 막상 그것들을 실현해내지는 못하는 데서 오는 엄청난 고통에 익숙하다. 우리의 ADHD 두뇌는 아이디어를 내는 것을 좋아하지만 꿈을 향한 여정에 오르기 위한 실행력은 부족하다.

그렇다면 왜 수많은 ADHD인들이 갇혀 있는 기분을 느끼고 진정한 자신의 재능을 실현하지 못하는 걸까? 이 문제의 대답은 늘 복잡하다. 그러나 우리가 유독 빠지기 쉬운 몇 가지 함정이 있다.

생각은 많고 행동은 없다

아이디어를 내는 것만으로도 돈을 벌 수 있는 사업을 시작하는 최초의 ADHD인이 나타난다면, 우리 모두를 부자로 만들어줄 것이다. 나는 생각하고, 질문하고, 왜냐고 묻는 것을 좋아하지 않는 ADHD인을 본 적이 없다. 이건 분명히 근사한 일이지만 문제는 우리가 구상 단계에서 벗어나지 못한다는 것이다. 막상 행동을 취해야 할 때가 오면 우리는 앞으로 나아가지 못한다. 어떻게 시작해야 할지 막막할 수도 있고, 생각하느라 너무 긴 시간을 보내서 지겨워졌을 수도 있다. 앞으로 나아갈 의욕을 고취하는 도파민이 도무지 생성되지 않는 것 같다. 목록은 계속 길어지고, 실행에 옮기지 못한 이유가 무엇이건, 결과는 똑같다. 우리의 실패 목록에 달성하지 못한 또 하나의 목표가 추가되는 것. 실패 목록이 길어질수록, 꿈을 향해 나아갈 자신감은 서서히 무너진다.

미래를 그리기 어렵다

많은 ADHD인은 '지금, 여기' 존재한다. 우리의 뇌는 우리가 어떤 미래를 원하는지 말로 표현할 수는 있지만, 오늘 우리가 하는 일이 미래에 어떤 도움을 줄지 개념화하는 것을 어려워한다. 미래의 보상에 높은 가치를 두는 능력의 부족을 '시점 할인temporal discounting'[•]이라고 한다. 우리의 뇌는 '지금 당장' 갈망하는 것의 즉각적인 보상을 우선시한다. 그것이 바로 우리가 목표를 달성하려면 어쩔 수 없이 해야 하는 따분한 행정 업무를 처리하는 대신 지금 당장 휴대폰을 들고 안락한 소파에 누워 즉각적인 자극을 찾는 이유다.

자기파괴적 행동을 유발하는 감정조절의 실패

목표를 이루기 위해 노력하는 과정이 때로 얼마나 끔찍할 수 있는지에 대해서는 아무도 얘기하려 하지 않는다. 열심히 노력하는 것의 중요성에 관한 격언들을 우리는 수도 없이 듣는다. 그렇다 보니 성공하기 위해 감수해야 하는 불편한 감정에 대해서는 제대로 이해하지 못한다. 입사원서를 냈다가 탈락했을 때 우리는 거절의 고통을 느낀다. 새로운 사업을 발표할 때, 과거의 모든 실패에서 비롯된 수치심에 휩싸이기도 한다. 심지어 자신의 목표를 발견하고 새로운 기회를 얻어도, 사기꾼 증후군의 끔찍한 기분을 느낀다. 이러한 정신적 어려움을 ADHD인만 느끼는 건

• 먼 미래에 받을 보상은 가까운 미래에 받을 보상보다 그 가치를 낮게 여기는 현상.

아니겠지만 우리가 느끼는 감정의 강도는 훨씬 강하다. ADHD인은 종종 설렘을 안고 새로운 상황에 뛰어들지만, 변화와 성장에 수반되는 감정의 강도에 압도당한다. 감정조절 능력을 향상시킬 수 있는 도구들을 확보하지 않으면, 우리가 가장 원하는 목표를 달성하기 위해 나아가는 것이 너무 고통스러울 수 있다.

아이디어 제조기인 뇌, 우리의 친구이자 적

쉴 새 없이 아이디어를 쏟아내는 뇌를 가졌다는 것은 신나는 일이면서 동시에 짜증스러운 일이다. 우리는 새로운 아이디어를 내고, 계획을 세우고, 행동을 취한다. 일이 순조롭게 풀릴 때면 소소한 성취감을 느낀다. 그러나 달콤한 승리는 아직 맛보지 못했다. 그러다 어느 날 밤 새벽 3시, 잠에서 깨어났는데 너무도 근사한 아이디어가 떠오른다. 다음 날 그 아이디어는 생각이 나지 않고, 우리는 방향을 틀어 새로운 목표를 좇는다. 우리 커뮤니티의 회원 라나 역시 똑같은 경험을 했다. "워낙 여러 가지 일을 벌이다 보니, 새로운 일을 시작했다고 말하기가 좀 창피해요. 내가 변덕이 심하고 불안정한 사람이라고 생각할까봐 두렵고 또 새로 시작하는 거냐고 짜증 낼까봐 두려워요." 새로운 목표에 대한 흥분이 우리의 시야를 가려서 조금만 더 노력하면 이전에 좇던 꿈이 이루어질 수도 있었음을 우리는 미처 깨닫지 못한다.

구조적 어려움

현재 상태에서 꿈에 도달하기까지 우리가 걸어야 하는 길에는 내키지 않는 일들과 구조적인 어려움들로 가득 차 있다. ADHD인에게 중요한 것은, 목표를 향해 나아가는 과정에서 가장 큰 어려움은 대개 가장 처음 마주하는 문제라는 사실을 이해하는 것이다. 대학원에 진학하려면, 어마어마하고 복잡한 서류 작업을 거쳐야 한다. 사업을 시작하려면, 우리의 인내심과 자신감을 시험하는 여러 단계의 혼란스러운 과정을 거쳐야 한다. 그런 것들을 장거리 여행을 떠날 때 공사 현장을 피해 돌아가는 길이라고 생각해보기 바란다. 당신이 원하는 것을 찾으러 가는 길에 재미와 보상이 낮은 일을 너무 많이 해야 한다면, 여행을 가는 것 자체가 불가능하게 느껴질 수 있다.

꿈을 꾸는 사람에서 꿈을 좇는 사람으로

ADHD 진단을 받기 전에는 포기하거나 달성하지 못한 목표로 인한 고통이야말로 내가 겪는 가장 큰 고통이었다. ADHD가 나의 삶에 미친 영향을 이해하기 시작하면서, 더 일찍 알지 못했던 게 후회스럽긴 했지만, 한편으로는 미래에 대한 새로운 희망이 솟았다. 그 새로운 희망 덕분에 '진짜 마지막'으로 새로운 사업을 시작하면서 두려움과 수치심을 극복할 수 있었다. 나의 뇌에 관한 적절한 취급설명서를 확보하고 나니, 내 꿈이 조금 더 이룰 수 있는 꿈처럼 느껴졌다. 내가 가진 ADHD를 포용하고 늘 꿈꾸던 삶을 만들어갈 수 있게 해준 모든 지식에 감사한다.

오랜 시간의 실수와 실망으로 인해 당신이 진정으로 원하는 것으로부터 멀어졌다면, 당신도 꿈을 꾸는 사람이 아닌 꿈을 좇는 사람이 될 수 있음을 믿으라고 말하고 싶다. 자신의 약점과 강점을 보다 깊이 이해하게 된 지금, 무얼 할 수 있을지 자신에게 물어라. 새로운 지식을 얻었으니 새로운 결과가 가능하다는 믿음을 가져라. 그 점을 기억하면서, 이제 목표를 폐기하는 습관을 멈추기 위한 가장 유용한 방법들을 공유하려 한다.

템플릿과 자동화에 시간을 투자한다

자주 듣는 말이겠지만, 우리가 욕구를 바라보고 충족하는 방식에 ADHD가 어떤 영향을 미치고 있는지 정밀하게 들여다볼 필요가 있다. ADHD인에게 자동화가 도움이 되는 몇 가지 현실적인 이유가 있다. 템플릿은 다양한 용도로 활용할 수 있게 미리 만들어둔 이메일이나 그래픽으로, 살짝 변형을 주어서(예를 들면 수신자의 이름을 타이핑하는 것처럼) 특정 상황에 맞게 사용할 수 있다. 자동화는 디지털 기기에서 설정할 수 있다. 예를 들면, 인터넷 브라우저에 비밀번호를 저장해두어서 매번 사이트에 들어갈 때마다 입력할 필요가 없도록 하는 것이다. 이러한 도구는 과잉 사고를 줄이는 데 도움을 주고, 우리의 집중력을 빼앗는 소소한 일들의 폭격으로부터 우리를 구원한다. 그러나 무엇보다도 가장 중요한 것은 템플릿이나 자동화가 목표를 추구하는 과정에서 맞닥뜨리는 온갖 감정을 위한 인지적 공간을 확보해준다는 점이다. 잠재적 고객을 관리하기 위해 메일을 보내는 것이 불편하거나 의심이 들 때, 템플릿 이메일이 행동의 장벽을 제거해줄 수 있다. 과잉 사고와 '올바른' 메시지에 대한 반추를 하지 않는다면 감정을 조절하는 데 더 많은 에너지를 사용할 수 있다. ADHD인에겐 빠른 행동이 가장 중요하다.

이러한 개념은 단지 업무에만 적용되는 건 아니다. 운동을 일관성 있게 하고 싶다면, 단체 피트니스 프로그램에 등록해라. 정해진 시간에 운동하면 인지적 부담이 완화되고 행동의 변화에 수반되는 끈끈한 감정을 다스릴 공간이 확보된다.

과거에서 미래의 단서를 찾는다

목표를 향해 나아갈 때 과거의 경험을 되돌아보는 시간을 가져라. 당신이 함정에 빠졌던 순간들을 적어보아라. 어느 지점에서 앞으로 나아갈 수 있었는가? 어떤 도구가 도움이 되었는가? 무엇 때문에 목표를 폐기했는가? 몇 가지 목표에 대해 그렇게 해보고 패턴이 있는지 살펴보아라. 우리는 패턴을 인식하는 데 뛰어나지만, 미래에 도움이 될 수도 있는 상황에서 매번 잠시 멈추고 그 패턴을 발견하기는 어렵다.

패턴을 파악하려는 노력을 멈추지 마라. 새로운 일을 추구하는 과정에서 갇힌 기분이 들 때, 당신이 사용할 수 있는 전략과 도움에 관한 아이디어를 짜내라. 그것을 자주 볼 수 있는 곳에 붙여두어라. 압도당한 상태일 때보다 목표를 추구하는 과정 초기에 전략을 세우기가 훨씬 쉽다.

불편을 견디는 능력을 서서히 키워라

자기 계발 분야에서 많은 시간을 보낸 사람이라면 "불편한 것에 편해져라"라는 조언에 꽤 익숙할 것이다. 나쁘지 않은 조언이지만, ADHD를 가진 우리는 그 조언을 어떤 식으로 응용해야 할지 생각해봐야 한다.

성장의 과정에는 수많은 불편한 순간들이 있는 것이 사실이고 우리는 그것을 과정의 일부로 받아들여야 한다. 그러나 받아들이는 것 외에도, ADHD를 가진 우리는 그런 불편을 다른 사람들보다 더 깊이 더 자주 느낄 확률이 높다는 걸 아는 것도 중요하다. 바로 그것이 불편을 견디는 능력을 키울 때 천천히 가야 하는 이유다. 너무 멀리, 너무 자주 자신을 몰아세우다 보면, 우리가 갈망하는 발전 대신 감정조절이 안 되는 신경계만 남을 뿐이다. 우리는 우리가 가진 능력을 진심으로 이해해야 하고, 감정을 소화할 시간을 우리 자신에게 충분히 허용해야 한다. 사기꾼 증후군을 강하게 유발하는 회의가 일정표에 있다면 그것을 미리 인식하는 것도 방법일 수 있다. 열 명을 만나 친분을 다지면서 동시에 사업을 집중적으로 홍보하는 것은 좋은 생각이 아닐 수 있다. 자신에게 너무 많은 부담을 주는 대신 새로운 경험을 편안히 받아들여라. 압도감을 일으키지 않도록 천천히, 조금씩 보폭을 넓혀라.

핵심 가치에 뿌리를 둔 목표를 선택한다

때로는 목표를 추구하는 과정에 갇힌 것이 아니라, 애초에 잘못된 목표를 좇고 있던 것일 수도 있다. ADHD를 감추고 이 사회에서 '해야만 하는' 일들을 하며 오랜 세월 살다 보니, 우리는 종종 뭔가 잘못된 것 같은 기분이 든다. 진정으로 열망하는 것을 추구하기보다는 자신의 가치를 남에게 증명하고 싶은 욕구에 의해 움직였기 때문이다.

목표를 달성하기 위해 노력하는데도 자꾸만 경로에서 이탈한다면, 이유는 여러 가지가 있을 수 있다. 그러나 트러블샷*을 날리기 전에, 그것이 과연 당신에게 맞는 목표인지 생각해보기 바란다. 애초에 왜 그 목표를 정했는가? 그 목표엔 어떤 핵심 가치가 있는가? 당신의 핵심 가치를 아는가? 이 질문들에 자신 있게 대답할 수 없다면, 어쩌다 이 길에 서 있게 되었는지 다시 검토해 볼 때인지도 모른다. 당신 자신의 꿈이 아닌 다른 사람이 만들어준 꿈을 좇고 있었단 걸 알게 되었다면 혼란스럽고 고통스럽겠지만 그 깨달음이 오히려 당신을 자유롭게 할 것이다.

'틈새'에 끼어 있다면 도움을 청하라

ADHD인으로서 우리는 목표를 달성했을 때의 보상이 보이지 않는 상태에서 보상이 낮은 여러 가지 일에 엄청난 노력을 쏟아부어야 하는 상황일 때 가장 큰 어려움을 느낀다. 사업에 필요한 시장조사를 하는 단계는 탐색의 시간이지만 즉각적인 보상이 없다. 운동을 시작한 처음 몇 주간 근육이 커지는 건 보이지 않지만 온몸이 욱신거린다. 우리의 뇌는 지금 이곳에 살고 싶어 하고, 따라서 지금의 상태가 끔찍할 때 쉽게 포기한다. 이 시기야말로 추가적인 도움이 필요한 시기일 수 있다. 코치를 만나고, 책임을 나눌 친구를 불러라. 혹은 비슷한 일을 하는 사람들의 커뮤니티에 가입하라. 초기에 추가적인 도움을 받는 경우, 보상이 나타나

- 골프에서, 숲속이나 풀이 자라 있는 곳에서 공을 치는 일.

는 시점까지 버틸 확률은 훨씬 높아진다.

동행을 찾아라

ADHD인에게 커뮤니티의 중요성은 아무리 강조해도 지나치지 않다. 커뮤니티는 우리에게 책임감을 부여하고 우리를 우리의 가치에 연결한다. 나아가서 장기적인 목표를 추구해야 할 때, ADHD 두뇌가 그 일에 머물 수 있도록 약간의 추가적인 재미도 제공한다. 우리의 일상은 서로 연결되어 있고, 그것은 우리가 다양한 방식으로 커뮤니티에 접근할 수 있다는 뜻이기도 하다. 당신에게 필요한 것을 찾아라. 장애물에 부딪히거나 자기 의심에 휩싸일 때 누군가에게 기대는 것을 자신에게 허용해라.

연습: 목표 고수하기

다음의 표를 이용하여 목표를 추구하는 과정에서 당신의 ADHD 두뇌를 어떻게 지원할지 생각해보아라.

★

목표를 향한 길에 나의 ADHD 두뇌가 머물 수 있도록 어떻게 도울 것인가

템플릿이나 자동화를 할 수 있는 일이 있는가?

하기 싫은 일들을 해야 할 때 어떤 지원과 전략이 필요한가?

주의가 분산되거나 여러 가지 생각들이 떠오를 때 어떻게 대처할 수 있는가?

격한 감정을 가라앉히기 위해 나를 도울 방법은 무엇인가?

번아웃을 방지하기 위해 내가 할 수 있는 일은 무엇인가?

책을 마치며

당신의 이야기를 다시 써보길

ADHD가 규명되지 않거나, 오해되거나, 관리되지 않을 때, 우리의 경력, 인간관계, 자아개념에 막대한 혼란을 초래한다. 그러나 ADHD로 인한 어려움들 앞에서 우리는 무기력하지 않다. 우리의 뇌를 좀 더 깊이 이해하고 의식할 때, 결함이라기보다는 차이에 대처하고 있다는 기분이 들 것이다. 그 차이가 우리에게 소중한 재능과 장점을 가져다준다.

더 어렸을 때 이 사실을 깨닫지 못한 것이 후회스러운 사람도 있을 것이고, 갑자기 전부 다 이해가 되어서 안도하는 사람들도 있을 것이다. 우리 모두에게 똑같이 주어진 것이 있다면, 그것은 이 새로운 깨달음을 통해 우리 자신과 우리 뒤에서 이 길을 걸어오는 수많은 이들을 위해 변화를 이룰 기회다.

이 책을 마치는 지금, 잠시 멈추고 그동안 고수해왔던 당신의 이야기를 떠올려보길 바란다. 이제 ADHD에 관해 새로 알게 된 정보를 바탕으로, 그 이야기를 다시 써보길 바란다. 직종을 자주 바꾼 당신은 정말 불안정한 사람인가? 아니면 다양한 열정을 가진, 적응력이 뛰어난 사람인가? 당신은 너무 예민한 사람인가? 아니면 보다 직관적이고 공감력이 뛰어난 사람인가?

내면의 서사를 다시 쓴다면, 우리는 '말이 너무 많은 아이'에서 '열정적으로 사고하는 리더'가 될 수 있다. 우리가 느끼는 강렬한 감정들을 변화의 도구로 이용할 수 있다. 분란을 일으키는 사람에서 유쾌한 혼란을 일으키는 사람이 될 수 있다.

ADHD인들이여, 이 세상은 당신의 두뇌를 원한다. 혁신, 성장, 변화는 다른 사람들이 보지 못하는 두 점을 연결하는 사람들에 의해 만들어진다. 정의롭지 못한 악순환은 그러한 순환을 거슬려 하는 높은 수준의 정의감을 가진 사람들에 의해 깨어진다. 이제 남들과 다른 내면의 몽상가를 포용하고, 당신이 갈망하는 삶을 만들어 갈 때다.

옮긴이의 글

반짝이는 너에게

너는 늘 반짝인다.

너는 예술가이자 혁신가이고

리더이자 주인공이다.

너의 직관은 날카롭고

너의 마음은 따스하다.

너는 남들이 보지 못하는 것을 보고

남들이 연결하지 못하는 점을 연결한다.

너는 때때로 집중의 심연에 빠지고

시간 속에서 자주 길을 잃는다.

너는 엉뚱하고 산만하지만
그래서 재미있다.
상상을 초월하는 에피소드 부자라
언제나 사람들을 웃게 만든다.

사람들은 너의 반짝임을 동경하지만
혼자일 때 너는 자주 혼란스럽다.
남들이 '저 사람 왜 저럴까?'라고 물을 때
너는 묻는다, '나는 왜 이럴까?'
'나 혹시 고장 난 건가.'

예측할 수 없는 생각의 흐름,
감정의 기복,
충동성이 너를 힘들게 한다.
세상의 자극을 여과 없이 흡수하느라
너의 뇌는 항상 과부하 상태이고
도무지 휴식을 모른다.

너의 혼란에는
이름이 있다.

ADHD라는

아주 독특한 이름이다.

이 낯선 알파벳 조합이

네가 영문도 모른 채 감당했던

수많은 고충과 불편을 설명한다.

너는 고장 난 게 아니다.

그리고 무엇보다도

너는 혼자가 아니다.

단지 너의 뇌가

전형적이지 않을 뿐이다.

상투적이지 않을 뿐이다.

조금 다른 방식으로 작동할 뿐이다.

그 이름을 아는 것만으로

그 이름을 갖는 것만으로

너의 혼돈이

너의 외로운 싸움이

소멸하진 않겠지만

이름은 인식을 만들고

이해의 문을 연다.

여우비라는 말이 있어

여우비가 보이고

함박눈이라는 말이 있어

함박눈이 보이듯이.

이 이름으로 네가 널 볼 수 있기를

모두가 널 볼 수 있기를

조금 더 따스한 시선으로 볼 수 있기를

그렇게 이해하고 사랑할 수 있기를

니체의 말처럼 너의 혼돈은

춤추는 별을 낳는 혼돈임을 기억하기를

그래서 네가 그토록

다르게 빛났음을 기억하기를

너무도 뛰어난 너를

너무도 반짝이는 너를

나는 감히 위로하지 않는다.

아주 오랜 시간을

곁에서 지켜보았기에

나는 말할 수 있다.

너는 아름답다고

너처럼 재미있는 사람을

너처럼 반짝이는 사람을

본 적이 없다고.

나는 이 책을 사랑으로 번역했다.

부디 나의 사랑이

너에게 닿기를.

반짝이는 너에게, 아름다운 너에게.

2025년 9월

역자 이 진

주

Chapter 1

1. Claire McCarthy, M.D., "Driving for Teens with ADHD: What Parents Need to Know," Harvard Health Blog, Harvard Health Publishing, August 30, 2019, https://www.health.harvard.edu/blog/teens-with-adhd-and-driving-what-parents-need-to-know-2019083017633

Chapter 2

2. CDC, "ADHD Throughout the Years," Centers for Disease Control and Prevention, September 27, 2023, https://www.cdc.gov/adhd/data/adhd-throughout-the-years.html?CDC_AAref_Val=https://www.cdc.gov/ncbddd/adhd/timeline.html

3. John J. Ratey, M.D., and Eric Hagerman, Spark: The Revolutionary New Science of Exercise and the Brain (Boston, MA: Little, Brown Spark, 2013).

4. Jackie Andrade, "What Does Doodling Do?" Applied Cognitive Psychology 24, no. 1 (February 27, 2019): 100–106. https://doi.org/10.1002/acp.1561

Chapter 3

5. Brunkhorst-Kanaan et al., "ADHD and Accidents over the Life Span—A Systematic Review," Neuroscience and Biobehavioral Reviews, 125 (June 2021): 582–591. https://doi.org/10.1016/j.neubiorev.2021.02.002

6. Chardee A. Galan, MS, and Kathryn L. Humphreys, Ph.D.,EdM, "ADHD and Substance Use: Current Evidence and Treatment Considerations," Psychiatric Times 34, no. 8 (August 2, 2017).

https://www.psychiatrictimes.com/view/adhd-and-substance-use-current-evidence-and-treatment-considerations

7. Mitchell et al., "A Pilot Trial of Mindfulness Meditation Training for ADHD in Adulthood: Impact on Core Symptoms, Executive Functioning, and Emotion Dysregulation," Journal of Attention Disorders 21, no. 13 (December 4, 2013), 1105–1120. https://doi.org/10.1177/1087054713513328

Chapter 4

8. Russell A. Barkley, Ph.D., Taking Charge of Adult ADHD: Proven Strategies to Succeed at Work, at Home, and in Relationships, 2nd ed.(New York: Guilford Press, 2021).

9. Rangtell et al., "A Single Night of Sleep Loss Impairs Objective But Not Subjective Working Memory Performance in a Sex-Dependent Manner," Journal of Sleep Research 28, no. 1 (January 31, 2018). https://doi.org/10.1111/jsr.12651

10. Brunkhorst-Kanaan et al., "ADHD and Accidents over the Life Span—A Systematic Review," Neuroscience and Biobehavioral Reviews 125 (June 2021): 582–591. https://doi.org/10.1016/j.neubiorev.2021.02.002

Chapter 5

11. Weissenberger et al., "Time Perception Is a Focal Symptom of Attention-Deficit/Hyperactivity Disorder in Adults," Medical Science Monitor 27:e933766-1 (July 17, 2021). https://doi.org/10.12659/msm.933766

Chapter 6

12. Shelly J. Lane and Stacey Reynolds, "Sensory Over-Responsivity as an Added Dimension in ADHD," Frontiers in Integrative Neuroscience, 13 (September 6, 2019). https://doi.org/10.3389/fnint.2019.00040

13. Anne Trafton, "How We Tune Out Distractions," MIT News, Massachusetts Institute of Technology, accessed August 29, 2023, https://news.mit.edu/2019/how-brain-ignores-distractions-0612

Chapter 9

14. Reimherr et al., "Types of Adult Attention-Deficit/Hyperactivity Disorder: A Replication Analysis," The Journal of Clinical Psychiatry 81, no. 2 (March 17, 2020) 21798. https://doi.org/10.4088/jcp.19m13077

Chapter 10

15. Edward M. Hallowell, M.D., and John J. Ratey, M.D., ADHD 2.0: New Science and Essential Strategies for Thriving with Distraction—from Childhood through Adulthood (New York: Ballantine Books, 2021).

Chapter 11

16. Jessica R. Lunsford-Avery and Scott H. Kollins, "Editorial Perspective: Delayed Circadian Rhythm Phase: A Cause of Late-Onset Attention-Deficit/Hyperactivity Disorder Among Adolescents?" Journal of Child Psychology and Psychiatry, and Allied Disciplines, 59, no. 12 (September 3, 2018): 1248–1251. https://doi.org/10.1111/jcpp.12956

17. Christine Blume, Corrado Garbazza, and Manuel Spitschan, "Effects of Light on Human Circadian Rhythms, Sleep and Mood," Somnology 23, no. 3 (August 20, 2019): 147–156. https://doi.org/10.1007/s11818-019-00215-x

Chapter 13
18. Nazar et al., "The Risk of Eating Disorders Comorbid with Attention-Deficit/Hyperactivity Disorder: A Systematic Review and Meta-Analysis," International Journal of Eating Disorders 49, no. 12 (November 15, 2016): 1045–1057. https://doi.org/10.1002/eat.22643

Chapter 15
19. William Dodson, M.D., LF-APA, "3 Defining Features of ADHD That Everyone Overlooks," ADDitude, January 18, 2018, https://www.additudemag.com/symptoms-of-add-hyperarousal-rejection-sensitivity/

나는 내가 고장 난 줄 알았다

1판 1쇄 발행	2025년 9월 20일
1판 2쇄 발행	2025년 10월 30일

지은이	메러디스 카더
옮긴이	이진
발행처	(주)수오서재
발행인	황은희, 장건태
책임편집	황은희
편집	최민화, 마선영, 박세연
마케팅	황혜란, 안혜인
디자인	피포엘
제작	제이오
주소	경기도 파주시 돌곶이길 170-2 (10883)
등록	2018년 10월 4일(제406-2018-000114호)
전화	031)955-9790
팩스	031)946-9796
전자우편	info@suobooks.com
홈페이지	www.suobooks.com
ISBN	979-11-93238-76-9 03180 책값은 뒤표지에 있습니다.

이 책은 저작권법에 따라 보호받는 저작물이므로 무단전재와 복제를 금합니다.
이 책 내용의 전부 또는 일부를 사용하려면 반드시 저작권자와 수오서재에게
서면동의를 받아야 합니다.

도서출판 수오서재守吾書齋**는 내 마음의 중심을 지키는 책을 펴냅니다.**